LE BONHEUR AU JARDIN

Benoît R. Sorel

LE BONHEUR AU JARDIN

– BoD –

© 2018, Benoit R. Sorel

Edition : Books on Demand,
12/14 rond-Point des Champs-Elysées, 75008 Paris
Impression : BoD - Books on Demand, Norderstedt, Allemagne
ISBN : 9782322091966
Dépôt légal : décembre 2018

DU MÊME AUTEUR

Savoir-faire

    L'élevage professionnel d'insectes

    La gestion des insectes en agriculture naturelle

    L'agroécologie : cours théorique

    L'agroécologie : cours technique

    Les cinq pratiques du jardinage agroécologique

Essais

    NAGESI. Nature, société et spiritualité

    Réflexions politiques

    À la recherche de la morale française

    L'agroécologie c'est super cool !

    Quand la nuit vient au jardin

    Sens de la vie et pseudo-sciences

    Pensées cristallisées

Nouvelles

    L'esprit de la nuit

    Les secrets de Montfort

    Fulgurance

    Saint-Lô Futur

SITE INTERNET
http:\\jardindesfrenes.com

Sommaire

ALPHA : BONHEUR ET NÉCESSITÉ   1

PASSER DE LA NUIT AU SOLEIL   11

HIVER RÉGÉNÈRE   16

    Regarder la terre   *16*
    Le temps qui n'existait pas   *24*
    Premières graines   *34*
    Le silence de l'hiver   *37*
    La frontière de la vie   *44*
    Concentration au cœur de l'hiver   *52*
    Petites choses à faire   *58*
    Gris mars et crotte de renard   *60*
    Résumé : le bonheur en hiver   *63*

PRINTEMPS ESPÈRE   64

    De la simplicité pour reconstruire dans la joie   *64*
    La présence   *74*
    Pas assez chaud, trop chaud   *78*
    Le problème est-il la solution ?   *83*
    Connais les plantes   *87*
    Le prix de la confiance   *92*
    Le jardin rend ton cerveau sain   *95*

Notre identité au jardin	*100*
Vertu et travail	*107*
Le terrible doute et l'exploration spatiale	*112*
Éveil du matin et paix du soir	*118*
Résumé : le bonheur au printemps	*121*

Été rassure 122

Le labyrinthe du savoir	*122*
De la volonté !	*125*
La naissance du jour	*127*
C'est paisible au fond du jardin	*129*
Sobriété et patience	*134*
Résumé : le bonheur en été	*137*

Automne prépare 138

Le maître secret	*138*
Pas de bonheur gri-gri	*140*
Culture et écriture : libertés, contraintes, avenir	*145*
Résumé : le bonheur en automne	*148*

Oméga 149

Épilogue 156

I

Alpha : bonheur et nécessité

Soyons heureux, librement. Soyons heureux, par nécessité.

Le monde agricole évolue : il faut aujourd'hui prendre connaissance et conscience de cette évolution, pour mieux préparer l'avenir. L'agriculture biologique (AB) se démocratise, telle est l'évolution la plus évidente. De plus en plus de consommateurs font enfin attention à ce qu'ils mangent et ils exigent des produits locaux, sains et nourrissants. La rançon du succès était prévisible : l'AB se mécanise et s'industrialise, de même que sa petite sœur l'agroécologie. Alors qu'il y a dix ans on la regardait comme une chose étrange : est-ce un beau bébé qui est en train de naître là ? Alors qu'il y a vingt ans on la moquait : est-ce qu'on peut perdre plus d'argent qu'en faisant de l'agriculture bio ? Aujourd'hui il n'y a plus de doute. L'agriculture conventionnelle n'est pas en reste. À côté du discours inchangé de l'agrochimie depuis les années 1950, les techniques de semis ont évolué et permettent la généralisation des engrais verts et de la technique dite « du semis sous couvert ». Le labour devient inutile, donc la vie du sol est respectée. L'usage des engrais verts réduit les pullulations de ravageurs et les maladies, les pesticides deviennent inutiles, donc la biodiversité en surface (des insectes, des oiseaux, des mammifères) est aussi respectée. Même les engrais de synthèse ou organiques deviennent inutiles. Aujourd'hui même en conventionnel autour des champs on implante des haies et des zones enherbées. La biodiversité en profite. Toutes ces pratiques, combinées avec l'absence de labour, réduisent l'érosion, un fléau dont on a mis 50 ans à reconnaître que c'est un fléau. Bref, l'agriculture conventionnelle est mue par une forte créativité technique, inspirée de l'agriculture biologique. Elle importe et elle développe, avec des moyens plus importants, les techniques de l'AB et de l'agroécologie. Les instituts de recherche agronomique réalisent chaque année des centaines de tests de culture et identifient les techniques, les outils et les semences qui mènent à une « double performance économique et écologique ». Je fais le pari que cette évolution technique rendra inutile le recours aux pesticides et aux OGM dans une dizaine d'années. *L'agromécanique triomphera de l'agrochimie.* L'agriculture conventionnelle d'aujourd'hui pourrait continuer à muer et devenir entièrement agroécologique (donc autonome au sens originel de Masanobu Fukuoka) à l'horizon 2050.

Une agriculture dont la norme serait l'agroécologie et, ce qui nous importe ici pour le présent livre, la mécanisation. Aujourd'hui l'agroécologie et la permaculture ont le vent en poupe. Ces agricultures se répandent sous le modèle des « micro-fermes » du Nord au Sud de la France et dans tous les pays du monde. Mon *jardin des frênes* en est un exemple parmi des centaines. Aujourd'hui, pour vendre mes fruits et légumes, je présente à mes clients mes techniques agricoles qui rendent inutile le recours aux pesticides et aux engrais de synthèse. À l'aide de mots-clé et de photographies exposées sur mon stand de vente, j'explique que le paillage du sol est nécessairement manuel mais que c'est moins laborieux que le désherbage, en plus d'avoir d'autres qualités essentielles. Mes techniques agricoles respectent la biodiversité du sol, dans le sol, et en surface. C'est cette biodiversité qui rend ma terre fertile et ma production autonome. Mais demain, ces arguments de vente, travail manuel et biodiversité, auront-ils encore du poids ?

L'agroécologie de demain, à grande échelle sur toute le territoire national, sera mécanisée (et industrialisée) et elle respectera autant la biodiversité que les micro-fermes agroécologiques et permaculturels d'aujourd'hui ! Les légumes, fruits et céréales qu'elle produira seront aussi sains et nourrissants que ceux que mes semblables et moi produisons aujourd'hui. Ses produits seront en vente dans les grandes et moyennes surfaces. Ses produits standards seront l'équivalent de ce qu'on trouve aujourd'hui dans le réseau « Biocoop ». Les agriculteurs conventionnels auront remplacé leurs lourdes charrues de labour profond par des outils permettant de semer directement dans les engrais verts en fin de culture, et eux et les clients demanderont alors à nos successeurs : « Que pouvez-vous faire de plus que nous ne pouvons déjà faire avec nos nouveaux tracteurs et outils ? Comment justifiez-vous le travail manuel ? » Eh oui ! Peut-être qu'on appellera la généralisation de l'agroécologie la *révolution arc-en-ciel* de l'agriculture, la diversité des couleurs faisant référence au respect de la biodiversité (et à la diversité des nations sur terre qui l'ont adoptée). Et la forme de l'arc-en-ciel faisant référence au passage dans un nouveau monde... Peut-être qu'on fera de grands feux d'artifices pour fêter cet avènement mondial de l'agroécologie ! Et peut-être que le revers de cette évolution, cette évolution que tout le monde souhaite aujourd'hui, même moi, sera la disparition des petits agriculteurs et des petits maraîchers. Encore une fois…

On peut imaginer un autre scénario : une agriculture conventionnelle qui perdurerait sans rien changer à ses techniques. Mais c'est improbable. Sans changer, cette agriculture amènerait la ruine totale des terres de France bien avant 2050. Il est donc préférable d'imaginer que toute la France passe à l'agroécologie mécanisée. J'espère que l'avenir donnera raison à ce scénario plutôt qu'à un scénario de misère agricole, dans lequel les multinationales de l'agrochimie maintiendront à dessein les terres de mauvaise qualité, pour affamer la population.

Qu'est-ce qui, en 2050, différenciera une micro-ferme agroécologique d'une exploitation agroécologique mécanisée ? Je veux, dès aujourd'hui, réfléchir à cela. C'est mon devoir de jardinier-écrivain que de construire le présent à partir du futur.

Il faut penser que même les cultures et les plantes compagnes, en 2050, seront des techniques mécanisées, alors qu'aujourd'hui elles ne sont utilisées que dans quelques micro-fermes pionnières. En 2050 on implémentera des cultures compagnes pour maintenir l'humidité de la terre, pour aider à la germination, pour aider à la fructification, pour protéger d'un soleil trop fort et de températures trop dessicantes, pour enrichir la terre, pour améliorer la valeur organo-leptique des récoltes… Tout ce qu'aujourd'hui on fait avec des outils et des minéraux, demain ce sont des plantes qui le feront.

Il saute aux yeux que, hier en 1950 comme demain en 2050, l'agriculture manuelle s'inscrit dans un *autre mode de vie* que l'agriculture mécanisée. Malgré tout ! Toucher les graines, toucher la terre, toucher les plantes, toucher les récoltes, toucher le foin : cela demande du temps. Dans ce temps, dans ces gestes, l'agriculteur manuel trouve le sens de sa vie. L'agriculteur mécanisé, hier adepte de l'agrochimie et demain adepte de la biodiversité, n'est pas à la recherche de *ce sens-là* de la vie. Il garde entre lui et la nature une certaine distance. Au contraire l'agriculteur manuel désire le contact sans intermédiaire avec la nature. Semer à la machine ou semer à la main sont deux rapports différents au monde. Les distances ne sont pas les mêmes. Quelle est la juste distances qui fait de nous un être humain ? Les mécanisés et les manuels n'auront pas la même réponse à cette question.

Vivre en contact direct avec la nature ou vivre séparé d'elle procure, nécessairement, des joies différentes. Il y a certaines joies, donc un certain bonheur, que l'agriculteur mécanisé ne peut pas connaître. Et vice-versa, sans doute ! Mais j'ignore tout de la joie de cultiver avec un tracteur.

Dans mon cours théorique d'agroécologie, écrit il y a quatre ans de ça, j'avais comparé cette probable situation future de l'agroécologie à la situation présente de la production des katanas. Les katanas sont des sabres traditionnels japonais. Ils sont produits soit de façon industrielle, soit de façon traditionnelle. Chimie des métaux, rendement et rapport qualité / prix régissent la première méthode de production, sensibilité, savoir-faire et spiritualité régissent la seconde. Un katana fabriqué traditionnellement coûte cent fois plus cher que son équivalent industriel. Mais d'un point de vue matériel, le katana industriel est d'une résistance, d'une souplesse et d'un équilibre tout à fait satisfaisant. Pourquoi donc en acheter un traditionnel ? Demain, mes produits seront plus chers que ceux de l'agroécologie mécanisée, dont les prix auront rejoints ceux de l'actuelle grande distribution, économies d'échelles et mécanisation maximale oblige. Mais leur qualité sera équivalente. Donc mes clients de demain achèteront-ils mes produits pour les mêmes raisons qu'aujourd'hui des clients achètent des katanas traditionnels ? L'écart de prix sera bien sûr plus modéré, de l'ordre de 50 % plutôt que du centuple. Mais l'agroécologie manuelle sera-t-elle réduite, comme la production traditionnelle de katana, à une forme de spiritualité ? Voire l'agriculteur manuel ne vivra-t-il plus que des dons qu'on lui fera, ses produits n'ayant plus qu'une valeur *symbolique* ? Les agroécologistes non mécanisés seront-ils des « gardiens du temple » ?

Est-ce qu'une telle ligne de partage entre agriculture mécanique et agriculture manuelle / spirituelle peut voir le jour ?

Les spéculations sont hasardeuses. Il n'y a aujourd'hui qu'une seule certitude, que nous jardiniers agroécologistes et permaculteurs devons saisir : *développer et faire connaître autant que possible ce qui nous anime*. Réfléchissons sur *tous* les aspects de notre métier, et faisons les connaître. Lorsque nous n'aurons plus le monopole de l'agriculture autonome et respectueuse de la nature, quand cela ne pourra plus nous servir d'argument pour vendre nos produits, quels arguments nous restera-t-il ? Faisons donc en sorte, aujourd'hui, de développer d'autres arguments. Des arguments qui relatent les aspects les moins illuminés de notre métier. Cela comprend notamment les aspects psychologiques.

∴

Une petite précision : Certains aiment dire qu'il faut « semer des graines », c'est-à-dire qu'il faut sans relâche faire découvrir au grand public l'agroécologie. C'est le « rôle » de certains, mais pas le mien. Mon rôle est de préparer une terre dans laquelle les idées du futur seront plantées et dans laquelle elles grandiront avec solidité et rectitude. Je suis trop intellectuel ; pour semer des graines, c'est-à-dire pour éveiller le grand public à l'agroécologie, il faut faire vibrer la corde émotionnelle. Je n'ai ni le talent ni l'énergie pour cela. Mes livres s'adressent à ceux qui ont déjà fait le premier pas de considérer l'agroécologie. Je n'illumine pas le départ d'un nouveau chemin dans les journaux ou les médias, mais j'essaie d'en baliser le parcours.

∴

Le bonheur est l'un de ces aspects psychologiques qu'il ne faut pas hésiter à faire connaître. Dans mes ouvrages précédents, j'ai présenté aussi les aspects sociaux et spirituels et bien sûr les aspects scientifiques et techniques. Ces deux derniers aspects évoluent sans cesse. Pour le grand public et pour certains agriculteurs, ces aspects techniques priment. Tout le reste découle d'eux : les aspects sociaux, psychologiques et spirituels (trois aspects qu'on peut rassembler dans l'expression « mode de vie »). Notre société est rationnelle et matérialiste : science et technique priment. Qu'à cela ne tienne, je pense qu'il faut aller plus loin dans l'exposition, en détail, des autres aspects de l'agroécologie. Afin de montrer que la technique et à fortiori la science, ne sont pas des fins en soi. D'où ce livre sur le bonheur au jardin agroécologique.

Cet aspect paraît aujourd'hui évident ! Les semeurs de graines ont le sourire et l'optimisme contagieux ! Toute la communication que font les microfermes repose sur l'agriculteur qui sourit en travaillant. L'agroécologiste vit dans le bonheur du jardin : bonheur d'être son propre chef, bonheur du contact avec la nature, bonheur de la vie au grand air, bonheur du contact avec les clients en vente directe… Ce bonheur est si évident que, selon moi, on passe trop vite dessus. On ne voit que ce bonheur qui aujourd'hui existe et dont on fait la promotion. On considère que ce bonheur est la finalité de l'agroécologie. Certes, il faut que l'agroécologie soit un travail qui rend heureux. Mais si on se pose la question du bonheur en décidant de ne pas se satisfaire des banalités comme réponse (le soleil, les jolies fleurs, les jolies abeilles, le vent dans les cheveux, etc.) alors on va chercher ce qui, demain, pourrait être une source de créativité pour l'agroécologique manuelle. Plus aujourd'hui on dit que le bonheur au jardin ce n'est pas juste une question de récolte de fraises quand il fait 25 °C, plus demain l'agroécologie sera grande et large. Plus nous diversifions nos pensées et nos discours sur l'agroécologie, plus demain nos successeurs auront de matière pour innover.

Écrire à propos du bonheur au jardin, donc des émotions, n'est pas gratifiant. De même qu'écrire à propos des aspects philosophiques de l'agroécologie. Mes livres abordant ces thèmes (*NAGESI, Quand la nuit tombe au jardin, L'agroécologie c'est super cool*) ne se vendent pas. Au contraire de mes livres scientifiques et techniques. Écrire à propos des émotions, ça fait « bobo » : joli mais inutile, décoratif mais pas sérieux, imagé mais pas rationnel. C'est toute la difficulté de mon rôle. Celui qui sème des graines met l'emphase sur les aspects concrets. Moi je dois mettre l'emphase sur les aspects abstraits, parce qu'il faut passer par l'abstrait pour retomber ensuite sur le chemin concret. Il faut imaginer la suite du chemin avant de faire les prochains pas. Je ne veux pas aller à l'aveuglette !

Pierre Rabhi, au cours d'une de ses nombreuses conférences, a fait cette précision : il serait bien dommage de changer les techniques agricoles pour faire de l'agriculture biologique, si l'Homme lui-même ne se change pas. Si l'Homme continue à courir après le profit et le lucre, même si ses aliments et son environnement sont plus sains. Fukuoka disait de même. L'Homme ne sera pas plus heureux pour autant. J'ai écrit que je vais imaginer la France agricole en 2050 et voici ce que j'imagine : à cette date, les agriculteurs seront toujours autant endettés, les exploitations agricoles appartiendront non plus aux agriculteurs mais à des entreprises multinationales, la mécanisation réduira au minimum le besoin de main-d'œuvre, la grande distribution fera toujours pression pour que les entreprises agricoles fassent des prix aussi bas que possible, les politiques demanderont aux agriculteurs-employés de produire toujours plus sur des surfaces agricoles allant en diminuant (fléau de « l'anthropisation » des terres agricoles). En 2050 les vers de terre pourront mener une vie joyeuse et épanouie et les agriculteurs mener une vie toujours aussi pourrie ! Rien n'aura changé, la société sera toujours aussi moche et injuste, quand bien même la Nature aura repris un peu de poids.

La technique n'est pas une fin en soi. Si on en fait une fin en soi, l'Homme devient un moyen. Si on fait de l'Homme une fin en soi, la technique devient un moyen. L'expérience du bonheur n'est pas la même si c'est la technique ou si c'est l'Homme qui est la finalité. Donc quel bonheur voulons-nous en 2050 ?

Dans les micro-fermes agroécologiques d'aujourd'hui, on utilise la technique comme moyen. Le couple Homme – Nature est la finalité de toutes choses. Il en résulte des moments de bonheur particuliers, que je vais vous présenter dans ce livre. Des moments de bonheur subtil. Face à la nécessité de marcher avec le progrès technique, faisons le point sur le bonheur que nous avons déjà, pour garantir notre liberté de demain entre mécanisation et spiritualité.

II

Passer de la nuit au soleil

Au printemps 2017, je faisais paraître *Quand la nuit vient au jardin – Émotions déplaisantes et ephexis du jardinage agroécologique*. Un livre autobiographique dans lequel je relatais tous les moments difficiles rencontrés au cours de l'année 2016 et comment j'étais parvenu à les dépasser. Ce livre pouvait faire croire que le jardinage, et surtout le jardinage agroécologique professionnelle, est une succession ininterrompue de difficultés, de déceptions, d'illusions. J'expliquais comment il m'avait semblé que toutes les difficultés me tombaient dessus sans arrêt, alors que l'année précédente avait été riche de bons moments. C'est le métier qui rentre ! Au début, tout est neuf et beau. Puis on fait les premières erreurs, puis on constate les premières limites. Ce n'est pas agréable. Puis on apprend à voir plus large, à voir plus loin, et le jardinage redevient une activité agréable. Il me fallait bien parler de ces moments désagréables ; il n'y a que dans les jeux vidéos qu'on s'amuse toujours. Bien sûr, ce n'est pas avec un tel livre que je pourrais « semer des graines » ! Mais c'est la réalité, tout simplement.

Un an et demi plus tard, j'ai presque honte d'écrire que le jardinage est agréable, est source de bonheur, même si l'on prend en compte toutes les difficultés. Car qui aujourd'hui dit haut et fort que son métier est agréable ? Levez la main ! Un vrai métier est un métier où on « donne » de sa personne, où on y laisse un pan de sa santé, voire toute sa santé. Involontairement, pour ceux employés ou indépendants qui souffrent des taux de cotisation et d'impôts, des cadences, des délais à respecter. Volontairement, pour ceux qui répètent comme un mantra que plus on travaille, mieux c'est. Plus on souffre au travail, mieux c'est. Je vois autour de moi des personnes qui ont « changé de vie », qui ont comme moi quitté l'industrie pour vivre d'un métier artisanal qu'ils ont désiré, que ce soit comme agriculteur-fromager, comme menuisier ou comme conseillère en relations amoureuses, par exemple. Et je vois que ces personnes travaillent sans relâche. En ce mois de décembre, je me consacre à l'écriture. Je n'ai plus rien à récolter ni à vendre. Et en comparaison de ces personnes je me sens fainéant. Ils et elles travaillent d'un bout à l'autre de l'année six jours par semaine, quand moi de novembre à mars je ne travaille quasiment plus dans le jardin. Celui qui peine en travaillant mérite de gagner un bon revenu. Moi, qu'est-ce que je mérite ? Je ne cours pas après l'argent ? Honte à moi ! Je proclame que je suis heureux dans mon jardin ? C'est parce que j'ai du poil dans la main ! Vous voyez qu'affirmer être heureux, c'est s'exposer aux insinuations. Et à la jalousie.

J'ai du temps libre, tout simplement. Je n'ai pas beaucoup d'argent, mais je dispose de temps. Est-ce que ces personnes qui travaillent sans relâche dans leur nouvelle vie, qui travaillent jusqu'à deux fois plus que lorsqu'elles étaient employées et pour gagner deux fois moins, voient mon temps libre d'un mauvais œil ? Parfois je le crains, et cela me gêne parce que j'ai une certaine amitié pour ces personnes. Je suis celui qui parle et qui juge, mais qui travaille peu ; notre société est conformiste. Soit tu es « travail et famille », soit tu es un artiste qui prétend vivre d'amour et d'eau fraîche. Ce n'est pas la réalité de ma vie, je vous assure. Réfléchir et écrire ne sont pas des activités faciles ; ces mots que vous lisez sont l'aboutissement de quinze années d'écriture (j'ai commencé à écrire sérieusement pour moi-même en 2003, mais je n'ai rien publié avant 2015). Je prends donc le risque, encore une fois, d'écrire sur les émotions au jardin. Même si cela peut interloquer le grand public avide de découvrir une agroécologie « simple comme un retour à l'agriculture du bon vieux temps ». Même si cela me fait passer pour une moitié de jardinier. Tant pis !

Au cours d'une année, être jardinier agroécologiste permet de vivre de forts agréables moments. Ce sont ces moments que je vais vous présenter dans ce texte, en les accompagnant de réflexions sur le bonheur. Voyez-vous, les difficultés et le bonheur ne sont pas séparables. Comme je l'ai expliqué dans *Quand la nuit vient au jardin*, l'état d'ephexis qui relève d'un autre niveau est également inséparable des difficultés et du bonheur. Pratiquer l'agroécologie vous met au contact de la Nature, et ce contact fait émerger notre « nature humaine », qui n'est pas lisse et linéaire. Qui n'est pas simple. Qui est crochue, qui s'accroche. Si vous êtes immergé dans la société de consommation, on vous fait croire que l'humain est simple. Que la science et la technique peuvent résoudre tous vos problèmes, solutions qui in fine sont un ensemble de choses techniques à acheter. Du pain et du vin – pardon des smartphones et des saucisses – voilà ce que vous promet la société de consommation. Laissez-vous bercer tendrement, ouvrez vos porte-monnaies…

Le vrai bonheur humain n'est pas lisse. Vivre d'agréables moments au jardin, en toute saison, met sur la piste de ce qu'est le *vrai bonheur*. Il faut oser parler de ce bonheur. Et je pense être capable d'en parler – du moins d'écrire à ce sujet. Ceux qui me connaissent savent mon inclinaison pour les facettes obscures de la vie, au niveau de ma propre personne (introspections pour expurger les difficultés, pessimisme, solitude, problèmes de confiance, enracinement) et quand je réfléchis sur la société (politique inefficace, lois injustes, commerce débilitant, etc). Mais je n'oublie pas le bonheur ! Ce qui « ne va pas » me saute immédiatement aux yeux, et donc je veux résoudre ces problèmes, intellectuels ou concrets. Je suis, je dois l'admettre, moins sensible aux facettes positives de la vie. Je les distingue moins bien, moins vite, que les négatives. Certes. Donc le bonheur est pour moi l'image miroir des problèmes : *le bonheur doit être construit tout comme les problèmes doivent être déconstruits*. Mais le jardin, par moment, me retient de construire le bonheur. Il me retient, alors je laisse tomber mes pensées, je suis « juste là », le ciel au-dessus de ma tête, dans le vent ou sous la pluie ou sous le soleil. Alors je me dis que le bonheur ne nécessite peut-être pas d'être construit de façon rationnelle. Pas toujours.

À travers mes précédents écrits, vous avez vu comment le jardin m'a confronté à mes idées préconçues : à mes idées négatives, ce qui est une bonne chose. Mais aussi à mes idées positives et mes sentiments positifs. En langage hyper-moderne, je pourrais écrire que le jardin m'incite à réorganiser ma programmation interne ! À reprogrammer mes notions essentielles, et autant celles en lien avec le malheur que celles liées au bonheur. Le jardin me permet de me réécrire ; il me donne une nouvelle vie. Avec une nouvelle définition du bonheur, plus forte et pérenne, et une nouvelle définition de ce qui est déplaisant, moins forte et plus éphémère.

J'entends vous montrer dans ce livre ce qu'est le bonheur au jardin. Ne soyez pas déçu si ce texte ne vous réconforte pas : il n'existe pas que cette seule forme de bonheur au monde. Comme pour *Quand la nuit vient au jardin*, ce texte s'adresse aux personnes qui ont déjà fait un premier pas en jardinage agroécologique. Vous ne gagnerez rien en le lisant si le jardin n'est pas déjà pour vous un lieu de vie quotidienne. Vous serez mieux servi en consultant un ouvrage de même type centré sur l'activité qui vous est familière. Une activité qui doit être sans artifice, direct, authentique. Et qui recèle un bonheur dont vous pourrez vous saisir à pleine main. Nous ne sommes pas tous faits pour nous épanouir au contact de la terre et des plantes, c'est ainsi. Beaucoup de personnes font des stages ou du woofing pour découvrir l'agroécologie. Seulement une personne sur dix incorporera par la suite une activité en lien avec la Nature dans sa nouvelle vie. Il y a de multiples formes de bonheur, et le bonheur subtil du travail avec la Nature n'est peut-être pas ce dont vous avez besoin.

III

Hiver régénère

L'hiver normand n'est pas très froid, mais il est souvent pluvieux et venté. L'humidité de l'air, la couverture nuageuse basse, épaisse et régulière, la faible luminosité, le crachin, le brouillard, le vent et la pluie. En hiver, il n'y a plus rien à faire au jardin, si ce n'est tailler les haies. Alors que faire ? S'ennuyer ? Interdit !

Regarder la terre

L'hiver est la saison de la terre. La végétation est rase, en décomposition : profitons-en pour regarder la terre qui montre le bout de son nez. Ça ne coûte pas cher de regarder la terre. Prenons notre temps. Réjouissons-nous : nous n'avons rien d'autre à faire que de regarder cette terre. Pensez que seule une minorité de personnes peut pratiquer ce loisir de luxe. Il n'y a que ça à faire : regarder, observer, contempler, ce qui est sous nos pieds. Entre nos pieds. C'est notre métier.

La terre est fondamentale, essentielle, centrale, substantielle, existentielle. Réjouissons-nous de la regarder, autant que nous nous réjouissons lorsque nous regardons vers le soleil. Au soleil et à la terre nous devons notre vie ! La terre est précieuse, plus précieuse que l'or ou les diamants ou que la dernière voiture qui ne consomme que 4 litres au cent kilomètres ou qui est conforme aux désirs les plus fous d'un ministre de la transition écologique. Quand on expose des diamants ou de l'or, ou des voitures chez un concessionnaire, tout le monde regarde ces choses, ces babioles. Être attiré par ces babioles est un signe certain d'aspiration sociale. Mais avoir les yeux attirés vers la terre ? C'est le signe de la bêtise. Les idiots regardent leurs pieds. C'est le signe de la soumission. Les soumis et les dominés regardent la terre. Les enfants punis doivent regarder par terre. Réjouissons-nous, dans le jardin, d'abandonner ces simplistes façons de penser. Ces façons de penser qui, hélas, contribuent à enrichir les patrons voyous de l'industrie laitière. Par exemple[1]. Au jardin, on est libres de nos pensées !

---

[1] Élise Lucet a montré dans son émission *Cash investigation* de novembre 2017 comment ces entreprises et coopératives laitières n'hésitent pas à tuer économiquement leurs propres producteurs de lait. En plus de leur évidente malhonnêteté, ces entreprises bafouent les lois en toute impunité. Ce qui me fait écrire que la destruction de l'agriculture laitière en France est politiquement programmée. Via des pratiques de lobbying et de corruption, évidemment. Le plan Marschall de destruction de l'agriculture familiale à la française se poursuit aujourd'hui. La « langue de bois » du bon ministre de l'agriculture face aux questions d'Élise Lucet laisse penser que ce ministre est corrompu. Ne soyons pas naïfs. Ce sont là de bien petites manigances, ridicules, mais dont les acteurs se prennent pour des gens « sérieux » qui critique la « non-durabilité » de l'agroécologie… Face à ça, voyez à quel point le bonheur au jardin est un vécu sincère, serein et pur. Ces manigances en costume cravate ne peuvent pas être un fondement pour la société de demain, mais le bonheur au jardin, si.

Regarder fait partie de la vie. Ça ne sert pas à rien, ce n'est pas rien faire, comme on le pense trop souvent. Regarder est une action qui vous édifie, qui crée votre substance. Les marchands l'ont bien compris : ils nous font payer pour regarder. Quand on y pense, ils nous font payer simplement pour être à proximité (de quelque chose de désirable et / ou qui aura stimulé notre curiosité). Entrez dans un musée, une salle de cinéma ou un théâtre et fermez les yeux : vous ne voyez rien, pas d'œuvre d'art, pas de troupe de comédiens, mais il faut quand même payer. Ouvrez les yeux et regardez les acteurs. Mais si vous ne comprenez rien à ce que vous regardez ? Hé bien il faut payer quand même !

Les marchands grossiers conçoivent l'acte de regarder comme un *moyen*. Dans leur tête regarder sert à acquérir quelque chose : un savoir, une idée, une émotion. Et qui dit acquérir dit vente. Tu regardes, tu paies. Les marchands intelligents et honnêtes savent que regarder est à la fois un moyen et une fin. Ils savent que le regard n'est pas qu'un acte passif d'acquisition, comme ouvrir la bouche pour recevoir la becquée. Ces marchands-là vous proposent de vivre quelque chose en regardant : grâce à ce que vous regardez vous allez pouvoir réfléchir sur vous-même, ou raffiner vos émotions, et vous deviendrez quelqu'un de plus accompli. Ce genre de commerce me plaît bien : il faut fournir un certain effort pour regarder, et cela a des conséquences positives sur notre vie. Le regard sans effort ne sert qu'à divertir un court instant. Eh oui ! Si regarder est un acte volontaire, alors regarder peut exiger un effort. *Regarder sans vouloir faire d'effort, c'est ne voir que ce qu'on connaît déjà.* Regarder n'est pas voir…

Regarder la terre en hiver, c'est très bien, mais c'est encore mieux que ça. Il fait froid, il pleut, vous êtes là debout, les pieds commençant à prendre l'eau, la goutte au nez. C'est pas folichon ! Et je parle bien sûr de regarder une terre agroécologique, pas une terre laissée à nu et qui se transforme en boue sous la pluie et la neige. Cette terre-là n'est pas respectée. Si vous contemplez cette terre-là, qui n'en est plus vraiment une, vous ne vous sentirez pas bien. Donc : froid, vent, pluie, terre, goutte au nez. Ressentez-vous … cette chaleur ? Êtes-vous capables de bien-être, et de bonheur, en contemplant cette terre d'hiver ? Avez-vous froid ? Il faut alors continuer à regarder, et vous aurez chaud. Voyez cette terre que les éléments ne cajolent pas. Tous ces éléments qui semblent la faire souffrir, qui la tapent, qui la giflent sans merci, chaque jour. En fait la terre les utilise pour se concentrer en elle-même. Vent, pluie, froid, neige : ces éléments de l'hiver deviennent sa nouvelle peau. Une peau gigantesque et puissante, épaisse et lourde. Donc la vie, qui ne peut plus s'exprimer à la surface, ne peut que se concentrer à l'intérieur de la terre. Qui se concentre se réchauffe.

Quand on regarde la terre en hiver, il faut penser qu'on ne la regarde pas simplement de l'extérieur ou du dessus. On la regarde en se situant dans sa peau même. Dans le jardin vous êtes au niveau de ces éléments qui flagellent la terre. Si on la regarde « juste comme ça », vite fait, on regarde sans prendre conscience de notre niveau. Mais si on regarde la terre avec un esprit libre, durant quelques minutes, en laissant le temps aux éléments de nous imprégner, alors on ressent cette peau et sa puissance. On ressent qu'on est dans la terre, qu'on en fait partie – car la terre d'hiver et sa peau des éléments ne sont pas séparables. Réjouissons-nous de cette triple union : les éléments, la terre et nous ! Et en plus c'est gratuit !

Pensez-y : moi la terre, si je ne tirais ma joie que du soleil et de la chaleur des beaux jours de printemps et d'été, je serais morte de tristesse depuis longtemps, avec tous ces hivers. La force de la terre en hiver est donc paradoxale et contre-intuitive : elle se fait un manteau des éléments ; elle transforme leur rudesse en énergie de concentration ! Voilà ce que j'ai ressenti au cours de mon 6e hiver au jardin.

Ce n'est là qu'imagination et concepts sans fondement, pouvez-vous me rétorquer. Peau d'éléments, concentration, chaleur de la vie… Comment l'hiver pourrait-il être propice à la vie, me demanderez-vous ? Bon. Soyez alors cohérents : si vous n'êtes pas d'accord avec moi, abstenez-vous de regarder la terre en hiver. Votre moral s'en porte-t-il mieux ? Oui ? Préférez-vous éviter ce triste lieu qu'est le jardin en hiver ? Où l'on ne voit que foin et feuilles mortes en décomposition. Eh bien je trouve cela dommage pour vous. Car il y a du bonheur à regarder la terre en hiver. Mais ce regard s'apprend, s'acquiert petit à petit. Il faut *apprendre* à la regarder, et un jour on verra cette peau et cette énergie qui se concentre.

Et ce n'est pas tout. Une fois que voyez cela, vous pouvez prendre exemple sur elle. Faire comme la terre ! Elle qui fait des éléments furieux de l'hiver sa force interne, de même apprenez à vous réchauffer intérieurement grâce au froid du vent et de la pluie. Ou encore grâce à l'absence du soleil, qui est loin derrière la couche épaisse des nuages gris et lourds. C'est le message de la terre : comme elle, au plus profond de l'hiver, il nous faut être confiants. Il nous faut concentrer en nous les énergies et en faire, doucement, un noyau de repos et de chaleur. Un noyau que le froid, le vent et la pluie viennent protéger comme un manteau et viennent nourrir en même temps. Regardons la terre en hiver et soyons confiants. Réjouissons-nous !

Quel autre choix avons-nous que cet optimisme ? Que cette sérénité à l'exemple de la terre ? Préférez-vous imaginer que l'hiver c'est l'enfer ? Que l'hiver c'est la mort ? Le vent dépèce, la pluie pourrit la vie, le froid déchoit... L'hiver est long et il réduira votre moral à néant, c'est certain. Préférez-vous ne plus regarder la terre durant ces mois d'hiver ? Penser à tout autre chose ? Quel manque de courage ! Les longs mois de l'hiver sont l'occasion de vivre de longs mois d'une calme sérénité. L'hiver nous offre cet enseignement : apprendre le calme. S'en recouvrir. Il faut en profiter, car en mars ce sera fini. En mars printemps et hiver s'affrontent : fini le calme de janvier !

Réjouissons-nous que l'hiver nous apprenne le calme. Si en hiver vous n'êtes pas capables de calme, vous n'aurez pas suffisamment d'énergie au printemps. Et de temps. Au printemps toute la vie se déploie et s'active en tout sens et à toute vitesse. *On perçoit d'autant mieux cette émergence et ce déploiement qu'on aura été remplis du calme de l'hiver.* Le calme aiguise les sens. Si vos sens sont émoussés au printemps, parce que vous avez refusé de vous laisser remplir du calme de l'hiver, vous ne serez pas sensible à la température de la terre, à l'humidité de l'air, aux angles des rayons du soleil, à l'humidité de la terre, à la nature du vent, toutes choses qui sont essentielles pour la germination des graines. Vous n'arriverez même pas à arroser correctement vos semis.

C'est vrai que l'hiver nous oblige à abandonner nos outils de travail, et cela peut donner l'impression qu'il n'y a plus rien à faire au jardin. Mais c'est faux : le jardinier est une partie du jardin. Oui, on peut dire qu'en hiver les rôles s'inversent. Le jardinier doit accepter de se faire cultiver par l'hiver ! L'hiver va cultiver en lui la confiance et le calme, deux qualités qui sont indispensables pour les trois autres saisons. Réjouissons-nous ! Laissons-nous être cultivé par les éléments ; lâchons prise ; nous n'avons plus besoin de tout contrôler. Au printemps, le besoin de contrôler se rappellera assez vite à nous.

J'invite le lecteur à s'intéresser à la *symbolique* de la terre : il y découvrira les thèmes de la régénération, la protection de la graine, la matrice, la maturation, le terreau universel, la naissance et la renaissance. Les explications de la vierge noire données par l'alchimiste Fulcanelli sont admirables, de même que les mythes de la mort féconde relatés par Clarisse Pinkola Estes et ceux de la terre féconde par Mircea Eliade. Mais la terre est aussi, il est vrai, symbole de mort, de décomposition, de disparition, aspects peu agréables qu'il faut pourtant regarder en face.

Toute la symbolique de la terre en hiver amène des explications qui valent autant pour les plantes que pour nous êtres humains. J'ai eu beaucoup de plaisir à découvrir cette symbolique, car c'est comme découvrir les secrets de la nature ! Des secrets qui semblent être des vérités atemporelles, et donc qui nous relient à toutes les générations passées d'agriculteurs et aussi à toutes celles à venir. Ce sentiment d'être relié au passé et au futur est très agréable. Agréable parce qu'il dissout la solitude qu'on ressent parfois au jardin et face à la société qui accorde peu d'importance à l'agriculture[2]. Agréable parce qu'il donne de l'importance au présent, alors que le présent n'est jamais qu'un battement de paupière dans le flux infini du temps (au vu de la ridicule durée d'une vie humaine à l'égard du temps infini, on peut sombrer dans le nihilisme et dans le « à quoi bon ? »). Agréable enfin parce qu'il procure de la confiance en soi : les agriculteurs passés ont connu des échecs, mais plus encore des succès, ce qui fait qu'aujourd'hui nous existons. Donc il n'y a pas de raison pour que nous ne parvenions pas, nous aussi, à surmonter les difficultés.

Je vous invite à découvrir la symbolique liée à la terre, mais je vous avertis que ce serait une erreur de ne se consacrer *que* à la découverte de cette symbolique. Il faut se faire une expérience personnelle de la terre. Les lignes ci-dessus sont l'exposé de mon expérience, et la vôtre sera certainement un peu différente. Je ne vous donne là que quelques phrases dans un livre, mais l'expérience vécue est immensément plus grande. Il faut naviguer avec deux rames, pour ainsi dire : d'un côté l'expérience personnelle, de l'autre les enseignements ésotériques du symbolisme de la terre, et au milieu vous vous faites votre opinion. Au milieu vous vous faites votre chemin.

---

2 Cf. *Quand la nuit vient au jardin*.

LE TEMPS QUI N'EXISTAIT PAS

L'an un, passé futur, ici maintenant

Le calme de l'hiver nous met en condition mentale pour appréhender *l'atemporalité*. Réjouissons-nous. Accompagner la terre à produire des fruits et des légumes est une activité ancestrale. Chaque année est un recommencement, donc je crois qu'il faut cultiver, chaque année, comme si cette année était la première de l'humanité ! L'an un. Nous avons le droit d'abandonner la mesure moderne du temps, avec les minutes et les secondes, avec les horloges atomiques. Qui nous peut nous interdire d'abandonner ces moyens de mesure ? On a aussi le droit de vivre à l'heure solaire et non à l'heure administrative.

Cultiver comme si c'était la première année de l'humanité : voilà une idée réjouissante, qui nous libère des peurs. Qui fait de l'acte de cultiver un acte de liberté. Que cela est bon ! (encore une fois, les mots sont faibles pour décrire un ressenti immense). Oubliez la société de consommation, l'administration, la bourse de Paris, la nouvelle voiture conforme à la norme européenne : tout cela n'existe pas encore. Vous êtes en l'an un. D'ailleurs, la condition pour que toute cette société existe, avec tous ses marchands et ses gadgets techniques, c'est vous et votre jardin ! Sans les légumes et les fruits que vous y faites pousser, c'est la famine, c'est la misère, c'est le néant. Notre société crache tellement au visage des agriculteurs, comme si elle n'avait pas besoin d'eux. Mais vous et moi savons où tout commence : dans la terre. La terre de l'an un. Saine pensée, l'esprit vidé de tout concept inculqué depuis l'enfance qui, en plus de nous emplir de bonne humeur, nous donne confiance dans notre choix de cultiver de façon agroécologique. Parce que l'agroécologie implique le respect de la terre. On cultive la terre de l'an un, et pourtant on sait. On ne cultive pas au petit bonheur la chance. Étrange paradoxe.

Une terre qui n'est pas respectée ne peut pas vous prodiguer les joies et les savoirs que je viens de vous présenter. Ces joies et ces savoirs sont des richesses, que seules les agricultures biologiques alternatives (permaculture et agroécologie) peuvent cultiver, protéger et enseigner[3].

Être relié au passé et au futur, être en l'an un : ce temps du jardin n'est pas celui de la société. Voici encore un de ses aspects : l'absence de segmentation. Le temps social est segmenté en secondes, minutes, heures, jours, semaines, mois et années qui se répètent sans cesse. Chacune de ces divisions est une durée avec son début et sa fin. Début, fin. Début, fin. Début, fin. Etc. Le temps naturel ne comporte pas de telles divisions. A priori il semble que si : on voit tous les jours, les saisons et les années qui se succèdent et reviennent. On voit

---

3 Sachez que le label Agriculture Biologique fourni par Écocert n'oblige pas à protéger la terre en hiver (avec des engrais verts ou du paillage). Ce label est devenu purement administratif : il est élaboré à Bruxelles par les mêmes administrations, commissions, etc. qui régulent l'agriculture au niveau européen. Régulations débiles qui mettent en concurrence les agriculteurs les uns contre les autres du nord au sud de l'Europe, qui créent un « marché mondial » qui sert de cour de jeu aux patrons voyous… C'est pourquoi d'autres labels biologiques sont en train d'émerger (et existent depuis une vingtaine d'année en Allemagne, tels Bioland et Demeter).

Mais mieux que tout label (qui implique de payer des gens qui ne sont pas productifs et qui n'ont pas de savoir-faire) est l'achat direct au producteur. Lui accorder votre confiance, car la confiance est une qualité humaine qui n'a pas de prix.

les cycles lunaires et celui des marées. Mais à force de vivre au jardin, après quelques années on se rend compte que chaque année est unique. Que chaque saison est unique, comme l'est chaque jour et chaque heure (du moins ici en Normandie, car il est vraisemblable que d'autres régions géographiques présentent plus de régularité météorologique). La première heure du jour n'est pas identique à la seconde, et ces heures-là, demain, ne seront pas les mêmes. Au jardin chaque moment est unique ; il passe, il est passé, il ne reviendra plus. Il faut alors aller au fond de soi-même pour comprendre qu'un nouvel horizon s'ouvre ! Notre société nous inculque son temps chronométré et son calendrier et, automatiquement, nous utilisons ces divisions du temps comme des échéances. À telle date je veux avoir fini tel travail, entre telle et telle date je ferai ceci, à telle date je dois rendre cela, etc. À 21 heures je regarde un film, à 6 heures je me lève, en août je prends des vacances. Cette mesure sociale du temps est basée sur une *unité de mesure* (la seconde) et sur la *répétition à l'identique* de cette unité (un nombre plus ou moins grand de fois selon les divisions). Unité et répétition sont inséparables. Or dans la Nature, dans le jardin donc, il n'y a pas de répétition à l'identique. Le soleil au zénith tel jour n'est pas le même que le soleil au zénith tel autre jour. Pas de répétition à l'identique, que ce soient les heures, les jours, les saisons, les années. Voilà donc votre développement personnel qui ne s'inscrit plus dans un calendrier ! Vous pouvez ôter de votre conscience cette restriction inconsciente, ce rythme inconscient, que la société vous a inculqué. Votre état intérieur n'a plus besoin d'être balisé de mois et d'années. Vous n'avez plus besoin de penser, à demi consciemment, « ce serait bien qu'à la fin de l'année, ou l'an prochain, je me sois débarrassé de telle ou telle habitude ». Le temps au jardin est « ici et maintenant ». Formule bien connue qu'on utilise pour les méditations et la relaxation. Il n'y a que l'ici et maintenant, car hier était et demain sera autre.

Réjouissons-nous, car tous ces aspects du temps au jardin sont centrés : votre personne – vous jardinier – vous êtes un être humain tout à la fois en l'an un de l'humanité, présent au passé et au futur, et ici et maintenant. Vous avez une identité dans ces trois aspects du temps. Une identité que vous pouvez construire (aïe, il faut relire cette phrase !)

Votre identité que vous construisez dans le temps naturel n'est pas la même que celle que vous construisez dans le temps social. Parce que les possibilités de développement personnel ne sont pas les mêmes dans ces deux temps. Le temps subdivisé et normé de la société autorise certaines façons de voir le monde, de le comprendre, et en interdit d'autres. Le temps unique de la nature autorise d'autres façons de voir et de comprendre le monde. Mais il n'est pas toujours compatible avec le temps social. Réjouissons-nous de cette deuxième dimension d'existence ! Notre vie a deux dimensions temporelles.

Cette identité dans le temps naturel se construit pas à pas, se cultive. Il faut, volontairement d'abord, avoir conscience de ces trois aspects du temps naturel et avoir conscience que chacun des gestes au jardin s'inscrit dans chacun de ces trois temps. Et pas seulement dans le temps social. Le calendrier des semis et des ventes est une sorte de porte entre le temps social et le temps naturel. Réjouissons-nous de traverser d'avoir une telle porte et de pouvoir vivre dans ces deux temps ! Chaque action que vous faites se déroule dans l'an un, se déroule dans le passé et le futur (se déroule dans l'infinie chaîne d'union des agriculteurs passés et à venir) et ici et maintenant. Et dans le temps social. On pourrait même dire que ce sont quatre dimensions temporelles que possède la vie du jardinier agroécologiste. Et ce n'est que dans une seule de ces dimensions que l'argent a de la valeur.

Le fleuve Léthé

Terminaison, mort, décomposition, fin : voilà des mots bien peu agréables. On doit tous mourir un jour, et on espère tous que ce jour viendra le plus tard possible. J'écris ces lignes un jour de janvier de l'année 2018, mais en fait je suis déjà mort. 2018 ou 2108, quelle importance ? La mort est le plus fiable des contrats ! Si la vie était un courant électrique, la mort en serait la masse.

Avant de manger la toute dernière succulente tomate-cerise Black Cherry de l'année 2017, j'ai dit à cette petite tomate « À l'an prochain ! » Mort. Et renaissance. La mort est inévitable mais la renaissance ne l'est pas. La renaissance ne se produit que s'il existe une volonté de renaissance – dans ce cas celle du jardinier : le jardinier sèmera à nouveau l'année prochaine.

La volonté de vivre… Ce qui vaut pour nos plantes domestiques vaut-il pour nous ? Si d'un côté nous considérons la mort comme inéluctable et si de l'autre nous considérons la naissance comme le simple fait du hasard (plus précisément le simple fait de la contingence liée au déterminisme biologique), alors la vie peut-elle avoir une quelconque valeur ? Que vaut une vie qui n'émane pas d'une *volonté de vie* ?

Le jardin est la volonté de vie du jardinier en réponse à la mort inéluctable. Nous ne sommes plus une civilisation de chasseur-cueilleur mais une civilisation agraire, donc chacun d'entre nous est en fait la volonté de vie d'un jardinier et/ou d'un agriculteur. Même le banquier dépend de la volonté de vie du jardinier. Le jardinier ne cultive pas des tomates pour elles-mêmes, mais pour que ces tomates deviennent des corps humains. Chacun d'entre nous est voulu, chacun d'entre nous est précédé d'une volonté de vie. Lorsque nous étions chasseur-cueilleur, la volonté de vie qui nous précédait était la volonté de vie de la Nature sauvage. La Nature sauvage régissait la mort comme la naissance. S'il n'y avait pas de gibier à chasser cette année, les enfants les plus faibles mourraient. Aujourd'hui la Nature ne régit plus que notre mort : nous sommes les responsables de la vie, notre vie et la vie de nos plantes et animaux domestiques. Nous *voulons* nos vies et la leurs. Nous ne somme pas responsables de la mort, *mais nous sommes devenus responsables de la vie, depuis que nous ne sommes plus des chasseur-cueilleur.*

Et cela rend peut-être la mort plus difficile à accepter. Nos ancêtres mouraient et naissaient par la volonté de la Nature. Donc mort et naissance étaient deux mystères similaires, inséparables et qui se contre-balançaient. Nos ancêtres n'étaient responsables de rien, pour ainsi dire.

Comment faire en sorte que la mort redevienne plus acceptable aujourd'hui ? Eh bien en toute logique il faudrait renoncer à notre volonté de vie. Il faudrait rendre à la Nature la volonté de vie. Au moins partiellement. Voyez aujourd'hui tous les efforts techniques mis en œuvre pour assister la naissance (utérus artificiel, procréation in vitro, insémination, gestation pour autrui…) et voyez tous les efforts pour guérir et rétablir les corps malades ou accidentés. Nous donnons tous nos moyens à notre volonté de vie. Dans le même temps, nous faisons tout ce qui est possible pour allonger la vie, au point de nous modifier nous-même (ce sont les promesses du transhumanisme). Nous développons une immense volonté de vie, alors que le contrat passé avec la grande faucheuse demeure inchangé. Ce contrat est ancestral. Notre mort est la même que nos ancêtres il y a des millions d'années, alors que notre volonté de vie a changé du tout au tout. Cruelle ségrégation.

La mort nous attache à notre passé, à notre moment d'origine. Et nous essayons avec toutes nos forces de séparer la volonté de vie de cette mort sempiternelle. Après avoir dérobé à la Nature la volonté de vie, nous voulons lui dérober les mécanismes de la mort… Ce qui serait un moyen pour rendre la mort acceptable : à défaut de la subir, la vouloir. Dit autrement : la volonté de mort. Ce désir est-il sain ? Ce désir est-il bon pour notre santé mentale ? N'existe-t-il pas une tragédie de la Grèce antique qui aurait déjà la réponse à cette question ? Nous voulons maîtriser les deux extrémités de notre existence, et nous pensons que c'est ce désir de maîtrise qui confère à notre vie actuelle sa modernité. Sa modernité et sa supériorité en face de la vie de nos aïeux il y a ne serait-ce qu'un demi-siècle.

Cette quête d'omnipuissance, du début à la fin, a quelque chose de tragique.

Nous voulons croire que notre vie a d'autant plus de valeur que nous pouvons en maîtriser le début et la fin. Mais n'aurait-elle pas plus de valeur si nous en partagions la responsabilité avec la Nature ? Bref si nous acceptions la Nature ? La plante ornementale conçue en laboratoire est-elle belle ? La beauté a-t-elle encore un sens si elle est le fruit de possibilités techniques ? Dit autrement : cela aura-t-il un sens de dire que votre enfant est beau ou intelligent si après la conception l'embryon a été manipulé avec des biotechniques sophistiquées de telle sorte que ces caractéristiques adviennent nécessairement ? Votre enfant sera beau et intelligent parce que son corps aura été voulu ainsi par vous. Mais les notions de beauté et d'intelligence ne perdront-elles pas toute signification ? De même pour la mort. Avec les progrès des techniques transhumanistes, dans cinquante ans il sera peut-être possible de la faire advenir au moment voulu, dans les conditions voulues, dans un processus contrôlé. Vous pourrez décider, moyennant finances bien sûr, de mourir à 150 ou 300 ans. De mourir doucement ou rapidement. Donc la mort aura-t-elle encore un sens ?

Nous voilà bien loin du jardin ! Mais c'est grâce à lui que nous pouvons réfléchir à la mort et à la vie sans détourner le regard. Réjouissons-nous !

L'hiver qui nous fait remiser les outils ne nous laisse pas pour autant les mains vides. Il nous met donc à la place, dans les mains, les grandes questions inévitables : qu'est-ce que la vie, qu'est-ce que la mort ? Ce n'est pas facile d'aborder ces questions, mais ne devrions-nous pas nous réjouir de cette opportunité ? Avant d'être jardinier, je travaillais comme presque tout le monde dans l'industrie. Les saisons n'avaient aucune sorte d'importance : on travaillait de la même façon d'un bout à l'autre de l'année. La médecine, les pompes funèbres et l'agriculture sont peut-être les seuls métiers qui impliquent le contact avec la mort naturelle – les autres métiers (dans les abattoirs, dans les armées) étant au contact d'une mort dont l'heure est provoquée volontairement. J'admets que c'est faire du prosélytisme, mais il faut dire que l'agriculteur porte, comme le médecin et comme l'employé des pompes funèbres, une certaine responsabilité sociale envers la mort. Les autres professions, de par leur travail incessant et indifférencié d'un bout à l'autre de l'année, n'entrent pas en contact avec la fin, la terminaison, la disparition. En agriculture, on n'a pas le choix. Le contact avec la mort (la mort des végétaux et celle des animaux) est inévitable. Oui : osons nous réjouir de ça ! Voilà notre lot de jardinier ! Acceptons, avec l'hiver, de réfléchir sur la mort.

Pour ce faire, nous devons d'une part aller nous-même dans notre champ, dans notre jardin, en hiver, pour ressentir le vide. Pour ressentir que la vie est partie se cacher dans les profondeurs et qu'en surface il n'y a que des souvenirs et que de la décomposition (à part quelques légumes et quelques plantes vivaces, qui conservent en eux une vie subtile). C'est un ressenti qu'il faut acquérir ; il s'affine les années passant. D'autre part il faut lire les ouvrage sur la symbolique de la terre en hiver. La société moderne, idéologie du toujours plus et de la vie éternelle, oublie le cycle de mort et de vie. La mort est une étrangère pour notre société moderne : on ne la voit plus. Moi-même, à 39 ans, je n'ai été confronté qu'indirectement à la mort. J'ignore comment je réagirai quand mes proches partiront, et cela m'attriste. Si l'on ne pratique pas les rituels catholiques liés à la mort, on n'a pas l'occasion, plusieurs fois par an, de prendre conscience de la mort et d'y réfléchir[4]. On parle beaucoup de morale républicaine et de laïcité, mais la république et la laïcité ne me semblent pas proposer d'alternative au culte catholique de la mort. La franc-maçonnerie, qu'on appelle parfois la religion de la laïcité, semble aborder la mort. Mais tout le monde ne peut pas être franc-maçon. Notre société moderne ne nous inculque pas d'imaginaire de la mort. Donc les lectures sur la symbolique terre-mort sont importantes : elles vont remplir notre imagination, lui donner dimension et structure. Et elles sont laïques (c'est-à-dire accessibles aux athées, aux agnostiques et aux croyants). Avec dans notre tête ces esquisses d'intelligence de la mort, et avec dans notre cœur les ressentis que l'on éprouve l'hiver durant au jardin, nous pouvons commencer à développer cette dimension de notre vie. Nous pouvons nous « remplir ». Et quand la mort atteindra nos proches, puis nous-mêmes, alors le passage sera peut-être plus facile…

Notre société moderne est aliénée de son humanité parce qu'elle occulte la mort. Ce n'est pas mentalement sain de ne vouloir regarder que la croissance et la floraison. La vie n'est pas que croissance et floraison. Je crois qu'en reprenant conscience de la mort et du cycle vie-mort-vie, on retrouve la

---

4 Société d'archéologie et d'histoire de la Manche, *Du berceau à la tombe : les rites de passage*, revue du département de la Manche, tome 26, 1984.

santé mentale. Notre société ne vit que par le « vendre sans cesse et acheter sans cesse » : c'est de la folie. Folie dont le président américain Donald Trump est peut-être un exemple. Réjouissons-nous, au jardin, de ne pas pouvoir occulter la mort. Ne fuyons pas cette question. Regardons-la et réfléchissons-y, en la reliant à la vie : les efforts que cela nous demande entretiendront notre santé mentale. Ces efforts entretiendront notre humanité.

Nous voilà revenus au regard. Prenons alors exemple sur le chat du jardin : il passe un temps considérable à regarder. Regarder, c'est tout un art, nous dirait-il. Ça s'apprend. Ce n'est pas rien : pour lui tout commence par une bonne et patiente observation. En hiver, apprenons à observer !

Premières graines

Voilà février arrivé, avec ses jours qui rallongent. La luminosité augmente et avec elle, paradoxalement, le froid. Le gel durcit l'herbe et la terre. Le bruit de nos pas dans le jardin n'est plus le même : il se fait plus distinct, plus isolé, plus résonnant. Les chaussures ne s'enfoncent plus dans l'herbe des allées, nous marchons *sur* l'herbe. Est-ce à dire que durant les autres saisons nous marchions *dans* l'herbe ? Comme si nous en faisions partie ? ... Et s'il venait à neiger, nous ne marcherions même plus sur l'herbe mais dans la neige. Bref, en février le gel et la neige prennent place entre nous et la terre du jardin. Le gel et la neige forment une sorte de peau rigide et craquante qui nous isole de la terre, quand le reste de l'année le sol s'offre avec douceur à nos pieds. Février est le mois de la séparation : nous sommes arrivés au cœur de l'hiver.

Eh oui, le cœur de l'hiver n'est pas le 24 décembre ! Ni même le premier janvier. En décembre les souvenirs de l'automne sont encore trop vivants en nous. Par contre en février ces souvenirs se sont déjà effacés. En février on a pour souvenirs les journées courtes et sombres de décembre et de janvier. C'est avec ces seuls souvenirs, pas très réchauffants et pas très énergisants, qu'il nous faut faire face aux journées les plus froides.

Février est donc sous le signe de la lumière et du froid. Et que fait le jardinier en février ? Il dort ? Non, il sème. Le fou ! La lumière revient, certes, mais la chaleur ne peut être qu'artificielle en février. Il fait les premiers semis, qu'il place donc bien au chaud dans sa maison à proximité du poêle à bois. La chaleur va réveiller les graines. Une fois ces belles endormies réveillées et levées, quand en journée il fait beau le jardinier place les pots et les barquettes dans la serre. La maison est trop sombre ; or il faut un bain de lumière pour les belles, sans quoi elles « fileraient » et feraient par la suite de mauvais plants. En février, c'est l'ouverture du jardin d'enfants !

Réjouissons-nous du plastique ! C'est uniquement parce que je dispose de serres, où je peux planter dès la mi-mars et commencer à récolter à partir de la mi-mai, que je fais des semis en février. Faire des semis si tôt, est-ce céder au culte moderne de la vitesse ? Oui et non. Oui parce que les légumes primeurs se vendent très bien. Comme tout le monde, je dois payer les impôts et les factures d'électricité, qui n'attendent pas les beaux jours. Non, parce que manger des légumes frais en mai est vital. En mars et avril on termine les stocks de légumes d'hiver, qui ont perdu leur goût et leurs vitamines. Donc on a besoin de manger à nouveau, aussi vite que possible, des légumes frais avec leur goût et leurs vitamines.

Je concède que les serres soient une bonne invention. Merci la technique ! Mais je me réjouis autant des véritables légumes d'hiver qui sont facilement conservables ou qui peuvent passer l'hiver au champ. Ces légumes n'ont pas besoin d'une béquille technique pour exister. Mangeons-les de novembre à avril, parce qu'ils se conservent de novembre à avril. Puis enchaînons avec les légumes primeurs. Réjouissons-nous de cette succession ininterrompue, plus précisément satisfaisons-nous-en. Je m'explique : il est bon d'avoir à manger tout au long de l'année, et il est bon de ne pas avoir besoin de faire plus d'effort. N'allons pas chauffer les serres en hiver ou n'allons pas acheter de légumes d'été en hiver. Ces légumes, gorgés d'eau et peu caloriques, ne peuvent pas répondre aux besoins du corps humain lorsqu'il fait froid. Les légumes de saison répondent aux besoins du corps selon la saison. Les serres non chauffées sont de modestes outils techniques qui permettent de manger un peu plus tôt des légumes frais. Acceptons cette simplicité technique, plutôt que de vouloir à tout prix faire pousser des tomates en hiver. Notre corps n'exige pas de légumes d'été en hiver et la Nature ne nous oblige pas à cultiver en hiver, donc pourquoi devrait-on le faire ? Ah oui : c'est parce que la société attend de nous que nous soyons sans cesse productifs. Cette attente, tacite, porte un autre nom : la propagande. La propagande de toujours travailler dur, pour gagner de l'argent qu'on aura mérité…

Manger répond à un besoin fondamental. Donc il ne faut pas que la satisfaction de ce besoin fondamental dépende de techniques très coûteuses et très consommatrices d'énergie. À des besoins ponctuels et complexes on peut légitimement affecter beaucoup d'argent et d'énergie, mais pas à des besoins simples et quotidiens. Quand on a ce sens des priorités, on vit sereinement. Merci au jardin de nous rappeler que ce qui est simple et basique est source de bonheur – quand la société de consommation nous formate à penser que seuls les objets de plus en plus complexes peuvent nous rendre heureux.

LE SILENCE DE L'HIVER

Réjouissons-nous d'avoir du temps pour apprécier le silence ! Chaque saison a son propre silence. Celui de l'hiver est le plus profond, le plus paisible, le plus grand. Quand en fin de journée le soleil disparaît à l'horizon d'un ciel libre de tout nuage, et que le froid tombe sur le jardin, c'est comme si les sons eux-mêmes tombaient au sol pour y dormir. Les oiseaux entament leur nuit, plus aucune feuille ne bruisse dans les arbres. Notre propre souffle exhalé semble tomber lui aussi au sol, comme un flocon de neige. Parfois même comme une pièce de monnaie. Quand un son nous parvient, il est clair et précis – en général c'est une voiture qui vient troubler le silence. L'air froid et sec n'a pas les mêmes propriétés physiques que l'air chaud et humide. Il transmet les sons différemment.

Lorsque la journée d'hiver est pluvieuse et ventée, bien sûr il n'y a pas de silence à se mettre sous l'oreille. Mais quand il y a du crachin (cette très fine pluie normande), le silence émerge. C'est un silence cotonneux ; les seuls sons qui nous parviennent sont ceux qui ont leur source à proximité. C'est donc un « petit » silence, en comparaison du « grand » silence des jours froids et secs. Durant les jours de crachin, on n'entend que le silence du jardin, alors que durant les jours froids et secs, on entend aussi le silence des environs. C'est un peu comme si le silence respirait : humidité, inspiration, contraction de l'espace, sécheresse et froid, expiration, agrandissement de l'espace. Le silence n'a pas toujours la même taille !

Bien sûr, ces écoutes ne valent que pour le soir et la nuit. Dès que les jours rallongent, le jardin devient une salle d'orchestre. Les oiseaux sont actifs même avant l'aube ! C'est à qui chantera le plus fort et le plus raffiné. À part sur le côté sud du jardin, hélas, car derrière la haie se trouve un terrain de football. C'est un espace vide qui semble effrayer tous les oiseaux à part les mouettes et les goélands, qui s'y posent toujours en groupe.

∴

Je dois faire ici une digression. Aucun oiseau ne niche dans cette haie, battue par le vent qui ne rencontre aucun obstacle au sud. Les éclairages nocturnes et les cris des joueurs doivent effrayer les oiseaux, et les pesticides utilisés pour désherber les abords ont certainement quelque effet délétère. Mais cette absence de vie dans ma haie sud aurait-elle une cause supplémentaire ? Ce terrain de football, à proximité duquel se trouve un misérable terrain de tennis mal entretenu et un gymnase, est comme quasiment tous les espaces publiques *un espace sans amour*. À part le personnel d'entretien et les sportifs, personne ne vit dans ces lieux. Plus certainement encore, il ne se trouve personne qui porte ces lieux dans son cœur. Personne qui les aime. Sans que je puisse le prouver, bien que j'ai remarqué cela dans tous les espaces publiques de France mais aussi d'Allemagne, il me semble que la Nature ne se développe pas bien dans les espaces artificialisés auxquels nous n'accordons pas d'importance. Quand nous n'y pensons pas et surtout quand nous ne les portons pas dans notre cœur[5]. Comme je l'ai écrit dans *Nagesi*, à Tahiti je voyais les habitants porter la nature dans leur cœur. Même celle qui poussait au milieu d'un rond point. Il y avait toujours un Tahitien pour aller s'y asseoir et parfois sortir l'ukulélé. Il me semble que les Tahitiens ne se permettaient pas de négliger aucun espace, artificialisé ou non. Au contraire de nous occidentaux qui avons érigé en art de vivre le dédain de notre environnement s'il n'est pas signe extérieur de richesse ! Dit autrement, il me semble que les Tahitiens considéraient que tout espace est potentiellement fécond de toute la vie, alors que nous occidentaux, dans nos têtes et dans nos cœurs, nous avons décidé que certains espaces n'auront aucun sens autre que fonctionnel. Regardez par exemple l'herbe qui pousse au bord d'une route. En fait, nous ne la regardons même plus. Alors regardons et voyons que ce n'est pas que de l'herbe : c'est un espace (le bord de route) où toute la vie pourrait s'exprimer. Tout le potentiel est là, et, selon moi, il doit être respecté. Ce respect commence par porter dans nos têtes et dans nos cœurs ces espaces. Qu'ils soient plus ou moins artificialisés ne fait aucune différence. Ce

---

[5] Et bien que je sois quelqu'un de cartésien, c'est une idée qui me semble chaque année de plus en plus vraisemblable.

n'est pas l'herbe du bord de la route : c'est la vie dans toute sa splendeur.

Les Français et les Allemands, en comparaison des Tahitiens, sont dénaturalisés. Ils vivent sans que « l'esprit » de la Nature ait une place dans leur vie. Je pense que ce dédain de la Nature est une cause, ou une conséquence, du mal-être occidental. Ce dédain explique l'absence de joie de vivre en France ou en Allemagne, en comparaison de la joie de vivre à Tahiti, ou en Nouvelle-Calédonie. J'en suis persuadé. Porter un coin de terre dans son cœur, ça ne fait pas assez riche ! Ça ne fait pas s'enrichir les marchands.

∴

Être sensible au silence d'hiver, c'est comme être sensible à la terre d'hiver. C'est le signe que vous n'êtes pas débordés par vos pensées et vos émotions ; c'est le signe que vous avez l'esprit libre et que vos sens sont fins. Vos sens extérieurs (ouïe, vision, odorat, toucher) et intérieurs pour ainsi dire. En s'habituant au calme de la terre et au silence de l'hiver, il se crée de la place dans notre tête et dans notre cœur. Tout ce qui n'est pas essentiel comme la terre d'hiver et le silence d'hiver sort de notre conscience. Nous ne gardons plus que le fondamental. Dans cet espace intérieur libéré peuvent émerger des idées, des intuitions et des émotions nouvelles.

Il est impossible de vivre de tels moments de sensibilité envers ce qui est fondamental dans la Nature et en nous-même, si on ne s'accorde pas un repos hivernal. En 2050, il est vraisemblable que les maraîchers agroécologistes pourront s'activer tout l'hiver durant, dans des serres bioclimatiques sans chauffage artificiel, qui rendront possibles de faire des semis et des récoltes en hiver. C'est déjà ce que pratique le célèbre Eliot Coleman, et son disciple Jean-Martin Fortier. Ils cultivent toute l'année, même au cœur du rude hiver canadien, sans dépenser une goutte de pétrole pour chauffer leurs serres. Leurs techniques de culture en hiver dans des serres doubles et déplaçables, avec des variétés adaptées, se répandent à grande vitesse dans tous les pays nordiques. Quand on demeure accaparé par la nécessité de faire du chiffre d'affaires, on n'a pas le temps pour être sensible au silence d'hiver. Le « multitasking » n'est pas possible[6]. En 2050, certains maraîchers agroécologistes choisiront donc de cultiver tout l'hiver durant. Bien sûr, ils seront hautement mécanisés comme durant les autres saisons. D'autres au contraire choisiront de faire un repos hivernal. Si les gouvernements leur en laissent la liberté. Les premiers seront dans la logique productiviste, capitaliste, mercantile. Car même si Coleman et Fortier sont des gens cools et sympathiques aujourd'hui, en 2050 leurs techniques ne seront plus associées au style de vie « cool et alternatif » mais elles seront purement utilitaires et productivistes. Ne soyons pas naïfs. La dérive productiviste est déjà entamée.

Comme expliqué dans mon cours théorique d'agroécologie, ce sont les techniques des maraîchers de Paris du 19e s. qui ont inspiré le maraîchage chimique et productiviste du 20e s. Alors qu'aujourd'hui Coleman et Fortier s'inspirent des techniques

---

6 Dans les pays sans saison marquée, le rapport à la Nature n'est pas le même, parce que les rythmes sont autres. L'absence d'hiver marqué n'a pas du tout empêché Masanobu Fukuoka de se relier à la Nature, mais il n'a pas vécu cela *via* la terre d'hiver et le silence d'hiver par exemple.

de ces mêmes maraîchers du 19ᵉ s. pour innover en maraîchage biologique ! Ce qui est la preuve que technique et mode de vie ne sont pas liés (une même technique peut amener des modes de vie opposés, et un même mode de vie peut engendrer des techniques divergentes). Ainsi, même si ce n'est pas bien d'envisager cela aujourd'hui (ça casse l'image cool et innovante), il faut envisager que même la permaculture en 2050 aura pris une forme industrielle, productiviste et capitaliste. La belle ferme pionnière et humaniste du Bec Hellouin, aujourd'hui en 2018, fournit dès à présent les prémices de l'industrialisation de sa propre agriculture. Moi-même je sais que mes techniques agroécologiques sont industrialisables. Dès le moment où on commence à rationaliser et à « scientifiser », on pose les bases d'une future industrialisation.

D'où l'importance de l'hiver. L'hiver est l'opportunité de faire une trêve, l'hiver est l'opportunité de nous limiter, l'hiver est l'opportunité de faire la part des choses entre ce qui est essentiel pour la vie et ce qui l'est moins. Je crois que notre humanité, notre statut d'être humain, nous incite à connaître cette frontière (la frontière entre le nécessaire et le superflu). L'*homo œconomicus* ne veut connaître aucune frontière, aucune limite à sa puissance[7]. Alors que l'*Homo sapiens* se doit de connaître cette limite. Je ne saurai vous expliquer pourquoi cela est très important, mais j'en ai l'intuition. Cette différence existe, même en agriculture biologique. Elle se voit par exemple entre Eliot Coleman et Masanobu Fukuoka.

---

7 Aucune frontière entre les peuples, entre les cultures, entre les traditions, entre les sexes. L'*homo œconomicus* veut une population mondiale uniforme, qui achète et vend dans un unique marché mondial où tout se mesure par rapport à l'argent.

Fukuoka est mort en 2008 et Coleman est bien vivant aujourd'hui, mais si on avait comparé leurs légumes, je suis certain qu'ils auraient été également délicieux. Toutefois, à l'échelle de plusieurs générations, la société que construisent les gens comme Coleman, sous l'idéologie du « il faut faire tout ce qu'il nous est possible de faire » ne peut pas être identique à celle construite par des gens sous l'idéologie de la modération. Les deux idéologies (ou modes de vie) mènent à des réalisations positives : l'exploration spatiale pour l'une, la sobriété heureuse pour l'autre. Je suis un partisan de l'exploration spatiale en même temps que de la sobriété heureuse. Ce qui est important, c'est de reconnaître cette différence d'idéologie, c'est de reconnaître la spécificité de chaque idéologie par-delà les techniques, et c'est que chaque idéologie puisse s'exprimer sans nuire à l'autre. J'ai l'intuition que les deux doivent cohabiter, sans quoi notre espèce ne vivra pas longtemps. Notre humanité se construit par un paradoxal et subtil mélange de limitation de soi et d'expansion de soi.

La difficulté est de justifier pourquoi est il est bon de faire une trêve en hiver, donc pourquoi il est bon de se limiter. Aujourd'hui il est impossible d'expliquer au grand public qu'il est bon de faire volontairement une trêve en hiver, afin de vivre la terre d'hiver et le silence d'hiver. Le grand public n'est pas sensible à ça. Pourtant ces moments de vie sont indispensables pour le jardinier agroécologiste. Le grand public vit encore et toujours dans la négation du sacré et du mystère (négation maintenue à dessein par les puissants de notre société mercantile, parce que la spiritualité invite à n'acheter que ce qui est nécessaire). Je ne sais pas si le sacré et le mystère auront retrouvé quelque légitimité publique en 2050. Il est possible que mes écrits sur les émotions au jardin demeurent pour longtemps encore de l'ordre de l'ésotérique. La spiritualité, si on pose que vivre la terre d'hiver et le silence d'hiver sont des formes de pratique spirituelle, prête à la moquerie. Donc la spiritualité nuit au chiffre d'affaires. « Vous voulez arrêter de cultiver en hiver, alors qu'il est possible de le faire ? Mais vous êtes fous ! » entendront peut-être mes successeurs en 2050. Aujourd'hui, je m'évite cette moquerie parce que je fais valoir une autre activité en hiver, celle d'écrivain. Mes successeurs devront eux aussi « ruser » pour rester dans les limites de compréhension du grand public.

La frontière de la vie

En ce début du mois de mars de l'an 2018, les températures diurnes demeurent en dessous du zéro degré. Il me faut alimenter copieusement le poêle à bois pour avoir bien chaud dans la maison pendant que j'écris, mais aussi pour que les semis lèvent. Car le salon s'est transformé en chambre à semis ! C'est nécessaire pour les tomates, les céleris, les poireaux, les navets, les choux et les petits pois, si je veux démarrer mes ventes fin mai. En serre j'ai déjà planté les premiers petits pois, les navets et même des haricots, et les fèves semées en octobre dernier dans la serre sont en fleur. Mais même dans la serre, il me faut chaque soir couvrir ces plantes et ces plantules de voiles de protection pour éviter qu'elles ne gèlent. Tout cela est laborieux mais ça fonctionne : dans la maison les semis lèvent et dans la serre les plants prennent racine. Le point faible de ma méthode de semis est qu'elle repose entièrement sur le bois de chauffage. Sans bois de chauffage, pas de semis qui lèvent en février, donc pas de récolte à vendre fin mai.

Certains maraîchers bio travaillent avec des éleveurs, car ils obtiennent ainsi gratuitement de grandes quantités de fumier frais. Ils l'étalent dans une serre, en ligne, et le compactent pour en faire une « couche chaude » dont la température atteint les 30 °C. Il leur suffit ensuite de poser les plaques de semis dessus, qui bien sûr lèvent très bien et ne risquent pas de geler. Ces maraîchers transforment donc un déchet, le fumier frais, en énergie. Par la suite, une fois froid, le fumier sera composté et servira à amender les terres (où pousseront les légumes et les cultures fourragères). Donc la boucle est bouclée : le système est autonome en matière et en énergie.

Mon système de culture agroécologique, sans fumier, est plus sensible au froid que celui de ces maraîchers. Mes semis ne lèvent pas bien, certains même ne lèvent pas du tout parce que mon poêle à bois ne chauffe pas de façon constante, et quand le bois n'est pas assez sec, la température dans la maison descend à 14 °C, ce qui est trop froid pour les semis. Suis-je un idiot d'avoir opté pour un tel système de culture sans fumier ? On peut me reprocher le manque de fiabilité de mon système pour les premiers semis, effectivement : un agriculteur se doit de tout faire pour assurer un taux maximal de levée des semis ainsi que des récoltes maximales sinon fiables. Si je devais vraiment « nourrir les gens », on dirait de moi que je suis un dilettante. Mais derrière ces reproches, je vois la *peur* qui se cache. La peur originelle de manquer de nourriture. L'humanité fait tout ce qu'elle peut pour ne plus jamais connaître de famines, et c'est compréhensible. La technique vient à notre secours, que ce soit sous forme de couches chaudes, de serres chauffées, des serres froides doubles de Coleman et des variétés sélectionnées pour lever et pousser en hiver. Ainsi est repoussé le spectre de la famine.

Toutes ces techniques « anti-famine », biologiques ou non, existent, et il peut sembler insensé de les refuser. Insensé, dilettante, idiot, égoïste voire misanthrope. C'est la survie de l'espèce qui est en jeu. Je suis un peu misanthrope, certes, et égoïste je le suis certainement (comme tout un chacun…) Mais c'est encore et toujours le désir de comprendre la Vie, qui m'a orienté vers mon système de culture non certifié « anti-famine ».

Comment puis-je connaître mes plantes de fin d'hiver – semis en train de lever, plantules en train de croître – si entre elles et l'hiver j'intercale trop de technique ? Les semis de février et mars sont difficiles, mais à la quatrième année de culture je sais maintenant de quoi ils dépendent :

- De la température du lieu où je place les semis ;
- de l'humidification du terreau ;
- mais aussi de la température du terreau avec lequel je fais le semis ;
- des variations de température – il me semble que certaines espèces ont besoin d'un grand écart de température entre le jour et la nuit pour lever ;
- de l'ensoleillement, indispensable pour que les plantules ne « filent » pas ;
- et des variétés ;

- en plus d'autres paramètres qui sont valables en toute saison comme la composition du terreau (avec ou sans compost), sa granulométrie et la profondeur de semis.

En utilisant du terreau normé sur couche chaude ou en serre chauffée, je ne peux pas développer mon sens de l'observation vis-à-vis de la vitalité des semis et des plantules. Parce que dans ces conditions, les graines vont nécessairement germer.

Est-ce vraiment utile de développer ce sens de l'observation ? me demanderez-vous. Certes, les maraîchers des siècles passés devaient absolument développer cette capacité, mais le progrès est passé par là. Bien des métiers ont disparu, car ils sont devenus inutiles. Je vous répondrai que la vie humaine qui allait avec, a disparu sans être remplacée. Spécialisation et mécanisation ont simplifié toutes les activités. Nous voilà arrivés à un débat qui déborde largement le thème de ce livre. De nombreux métiers ont bel et bien disparu, mais pour le sens de l'observation dont il est question ici, il n'est pas encore trop tard pour agir.

Développer ce sens de l'observation implique qu'on n'ait pas beaucoup de semis – pas plus de quelques mètres carrés de plaques et barquettes à semis. Ainsi on peut observer chaque plantule. Le maraîcher qui sème en grande quantité utilise nécessairement du terreau normé et des couches chaudes, sinon des serres chauffées ou des chambres à semis chauffées. Il fait des semis toute la journée, donc il n'a plus le temps d'observer. Et il n'a pas besoin d'observer : chaque jour il jette un coup d'œil global à l'ensemble pour voir si ça lève ou non, si ça grandit ou non. Pas besoin de réguler finement l'humidification du terreau, la température, l'ensoleillement, pas besoin de rentrer les semis dans la maison le soir et de les remettre dans la serre à onze heures quand il y fait assez chaud. Pas besoin de douter, de craindre, d'attendre avec angoisse ou optimisme que les semis lèvent. Pas besoin de se demander : « bon, ça n'a pas levé, est-ce que j'attends encore avant de jeter tout ça au compost ? » Bref, pas besoin de se poser de question ! Ce sont les concepteurs du terreau normé et des techniques (couches chaudes, serre double ou chauffée, chambre à semis chauffée au fil chauffant) qui se sont posés ces questions et y ont apporté les réponses. Le maraîcher productiviste utilise ce terreau et ces techniques justement pour ne pas avoir à se poser de question.

Quand vous vous contentez de faire ce que les concepteurs des terreaux et des serres préconisent, tous vos semis lèvent. Mais vous n'avez pas de sens de l'observation *et vous n'avez pas idée de ce que les graines font quand elles sont à la frontière de la vie. Et ce savoir-là, il me donne une substance. Ce savoir-là, quand on l'acquière, on s'inscrit dans la vie à l'échelle du cosmos.* On donne un sens à la vie humaine, un sens à la hauteur de notre potentiel cosmique. Pour semer des graines qui lèvent automatiquement, pas besoin d'être un être humain. D'ailleurs, plus le progrès technique avance, plus ce sont des machines qui font les semis ! Même en agriculture biologique et, après-demain en 2050, en agroécologie et en permaculture. Tout sera semé et planté à la machine. Plus aucun jardinier ne connaîtra la frontière de la vie, ce moment si particulier quand les toutes premières graines de l'année commencent à lever. C'est un moment plein d'incertitudes ; le début de la vie est toujours incertain, et prendre conscience de ça, c'est édifier notre humanité. Et ça rend heureux ! Quand je vois ces premières graines lever, que j'ai semées à la main, dans un terreau que j'ai fait en utilisant mes sens et non à l'aide de mesures chimiques, dans ma maison dont je régule la température en fonction de ce que moi je ressens comme chaud ou froid, je prends part au début d'un nouveau cycle. Joie paisible, calme, confiante. Sérénité.

Si nous plaçons ce moment sous le culte de la puissance propre à notre société mercantile et capitaliste, c'est-à-dire si on pense dans les termes suivants « je vais utiliser telles graines hybrides F1 semées dans tel terreau spécial germination avec tel système de chauffage et d'éclairage, pour faire un bon chiffre d'affaires en mai », le bonheur simple et fondamental de ce moment disparaît. On a soit l'un soit l'autre, mais pas les deux en même temps. C'est impossible. Selon que vous voulez vivre un glorieux moment à la frontière de la vie ou un glorieux moment pour le chiffre d'affaires, vous n'êtes pas la même personne.

Qui veut respecter la vie doit connaître la vie, doit donc connaître les frontières de la vie. Cela implique de renoncer à l'isolation technique – la technique qui certes nous isole de nos peurs (comme une maison est isolée du froid par la fibre de verre ou la paille) mais qui nous isole de la Nature, donc nous empêche de la connaître vraiment.

Je suis content d'être à la frontière de la vie quand je fais mes premiers semis. Merci l'agroécologie, pour ce que tu me permets de comprendre ! Réjouissons-nous !

Vous voyez qu'en agroécologie, aucun moment et aucune action ne sont anodins. On dit que le diable se cache dans les détails. Peut-être ! Mais les détails sont en fait des portes vers un bonheur serein. Vers une confiance dans la vie.

Cela entraîne deux sous-réflexions. La première est que ce genre de savoir, ce genre de quête ésotérique, fait de l'agroécologie une quasi-spiritualité. Je fais de l'agroécologie quasiment un chemin initiatique. Ce qui ne convient pas à tout le monde, j'en conviens. Qui veut se lancer là-dedans ? Qui ne le veut pas ? Deuxièmement, faut-il que tous les maraîchers adoptent une telle conception cosmique de leur métier ? Il suffit peut-être que quelques un s'y lancent. Et, comme moi, qu'ils relatent ce qu'ils vivent et transmettent le savoir via des livres accessibles à (presque) tous. Mais il n'y a aucun risque de prosélytisme ; en réalité j'ai bien remarqué que chaque maraîcher AB que j'ai rencontré cultive d'une façon qui lui est propre.

Ou bien ? Plus je pense à tous ces maraîchers, plus je vois que leurs façons de cultiver se ressemblent. Tout comme en agriculture conventionnelle (AC) : le discours dominant est que chacun cultive selon sa terre et sa personnalité. Mais en prenant un peu de recul, on voit que les pratiques en AC sont tout à fait homogènes. Il y a vente en masse de machines agricoles parce que les pratiques sont partout pareilles. S'il existait une véritable diversité des pratiques, nous ne connaîtrions pas aujourd'hui les sols appauvris et la biodiversité laminée dans toute la France (et dans tous les pays où se pratique l'AC). Le risque est réel que la pensée conformiste se répande aussi en AB. D'autant plus que les conversions d'AC vers l'AB sont nombreuses. Comme l'écrivait Jean-Pierre Darré[8], on n'a pas enseigné aux agriculteurs à penser par eux-mêmes. On en a fait des exécutants soumis aux directives des techniciens des chambres d'agriculture.

J'ai écrit plus haut que la rationalisation et la « scientifisation » préparent la voie de la mécanisation et donc de l'industrialisation. Mais peut-on éviter l'industrialisation ? L'industrialisation consiste, avant tout, à produire une chose en grande quantité. Une chose qui peut être multipliée. Éviter l'industrialisation pourrait passer par le refus de la rationalisation et de la « scientifisation » ; demeurer coûte que coûte dans le sentiment, dans l'intuition, et faire du sentiment et de l'intuition les seuls outils pour ressentir et expliquer le jardin. Je ne cautionne pas un tel engagement, car il implique de se passer de mots, donc de refuser le savoir – la rationalisation amène la compréhension qui amène le savoir. Ce serait totalement subjectif. Quelle serait alors la troisième voie entre le tout-intuitif et le tout-rationalisant ? Selon moi ce serait la voie qui autorise la rationalisation et la « scientifisation » sans se prolonger en mécanisation et industrialisation. Ce serait une voie en fait double : *voie qui se dédoublerait en d'un côté la voie artistique et de l'autre côté la voie spirituelle.* L'art est par définition la production d'une œuvre unique, et la spiritualité est par définition un cheminement individuel, donc unique. Art et spiritualité peuvent être mécanisés, mais très peu. Surtout, ils ne peuvent pas être industrialisés. Je ne sus pas un artiste, et je ne saurais imaginer à quoi ressemblerait un jardin conçu comme une œuvre d'art. Mais la voie spirituelle m'est familière. Donc,

---

8 Jean-Pierre DARRÉ, *L'invention des pratiques dans l'agriculture*, Karthala, 1996.

via toutes ces réflexions, nous voilà revenus à la similitude entre agroécologie artisanale et production traditionnelle de katana telle qu'expliquée p. 5 !

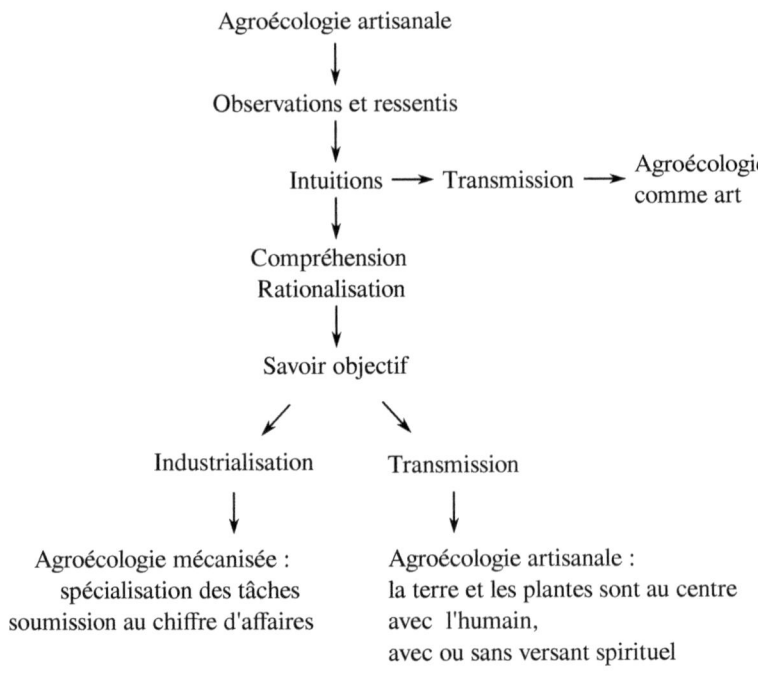

Concentration au cœur de l'hiver

En hiver, les arbres se mettent à nu, nous dévoilant ainsi des paysages inhabituels. Quand les haies ne réduisent plus la portée du regard, les villes apparaissent dans toute leur étendue. Des villes qui s'étendent de plus en plus, taches grises entourées de taches brunes : ce sont les champs et les prairies, pelés de leur végétation préalablement à la création de nouveaux quartiers de résidence ou d'industrie. Saint-Lô, ville préfecture du département, bien sûr, affiche un tel paysaage. Mais plus inattendu est l'étalement de Carentan, petite ville au centre des marais du Cotentin et du Bessin. Ces marais sont classés « parc naturel régional », où Nature et humanité sont censés se côtoyer en bonne amitié. Derrière ce slogan « durable », répété à tout bout de champ par les élus locaux, se cache la laideur de l'âme humaine : quelle Nature peut encore exister quand on la bétonne ? Quelle âme triste peut penser que le béton et la végétation sont compatibles ? Le sort d'une vingtaine d'hectares de bonnes terres agricoles est déjà fixé ; bulldozers et pelleteuses sont en pleine action. Le crachat jeté au visage de la nature ne s'enlèvera plus ; l'Homme ment comme il respire. Il promet de se limiter, de se restreindre, de se contenir, mais il n'en fait rien. Le « parc naturel » avec ses initiatives d'éducation à l'écologie, et le festival écologique « mange ta soupe », sont largement soutenus par ces mêmes élus : la raison en est que cela leur procure bonne conscience. Le bel habit médiatique de « durabilité » recouvre leurs viscères économiques et sociales périmées depuis les années 1950. La stratégie est grossière ; comme toujours le mal porte le masque de la vertu... mais nous avons les élus que nous méritons...

À défaut de pouvoir changer l'Homme, je le regarde et j'essaie de le comprendre. Pourquoi ces villes ? À quoi servent-elles ? Pourquoi ces campagnes ? Je ne veux pas, et je ne peux pas, apporter une réponse exhaustive à ces questions ; ici je veux juste savoir si une concentration humaine élevée sur un territoire restreint favorise notre humanisme. C'est-à-dire, est-ce que la vie en ville nous rend

- plus aimables ?
- plus intelligents ?
- plus créatifs ?
- plus sages ?
- plus travailleurs ?
- plus joyeux ?
- plus écologiquement responsables ?

Acquière-t-on mieux en ville qu'à la campagne toutes ces qualités ? Je ne le crois pas. Le développement moderne des villes date du 19e siècle, époque à laquelle le chemin de fer permet d'acheminer dans les villes de grandes quantités de nourriture (et de charbon). C'est l'exode rural de la révolution industrielle. Le second exode rural se produit à partir de 1950, l'agriculture se mécanisant et pouvant donc approvisionner les villes en quantités encore supérieures.

À qui profite ce développement de l'approvisionnement couplé à l'augmentation de la taille des villes ? Aux négociants, bien entendu, qui sont les intermédiaires entre les producteurs restés à la campagne, et les consommateurs venus s'entasser dans les villes. Les négociants sont aujourd'hui devenus ce qu'on appelle la « grande distribution » avec ses hypermarchés, ses filiales, ses centrales d'achats, ses centres et plate-formes logistiques, ses moyens de transport… L'oligopole de quelques entreprises de la grande distribution a permis d'un côté de forcer les producteurs à vendre à perte – pertes compensées par les « aides » de la politique agricole commune européenne – et de l'autre côté de ne proposer au consommateur que des produits de mauvaise qualité. Eh oui ! Pourquoi a-t-on développé les produits alimentaires industrialisés, les conserves et autres plats préparés congelés et surgelés ? Car on peut en diminuer la qualité tout en en augmentant le prix. Ce qu'il est impossible de faire avec une matière première brute (le légume, le fruit, la viande) ! La grande distribution est donc gagnante des deux côtés. Aujourd'hui, ayant exercé sur les producteurs une pression inimaginable depuis tant d'années, les producteurs en sont venus à produire des matières premières de mauvaise qualité : fruits et légumes hydroponiques, élevages hors-sol, méthodes agrochimiques. De la matière première brute qui n'a plus que l'apparence des bons produits d'autrefois. Côté producteur cette perte de revenus est compensée par les aides de la PAC, côté consommateur la perte de qualité est compensée par ... la publicité ! La publicité qui vend d'abord et avant tout un mode de vie, ce qui permet de réduire à néant l'importance de la qualité des aliments. On achète tel produit transformé dans tel magasin, non pas parce que ces produits sont bons et sains, mais parce que ça fait parler les voisins ! La compensation des productions agricoles de mauvaise qualité se fait aussi par la médecine. Car il en faut des médecins et des médicaments et des pharmaciens, pour soigner toute cette populace malade. Mais chut ! Gardons le silence sur le lien entre mal-bouffe et généralisation des cancers et autres maladies neuro-dégénératives. Ne faisons pas peur aux citadins.

Alors pourquoi aller vivre en ville ? Pour le travail, nous inculque-t-on. Oh la belle histoire pour enfants ! On nous inculque que la vie citadine est le summum de l'humanité, mais ce sont surtout les bénéfices de la grande distribution qui atteignent des sommets, plus les villes sont grandes !

Autre aspect de la concentration : l'entassement des gens, la mauvaise alimentation aidant, transforme les villes en incubateurs géants pour microbes et virus de toute sorte. L'hiver est là et tout le monde renifle, tousse et crache. Alors qu'à la campagne, on n'est pas entassés les uns sur les autres. On ne respire pas un air qui, avant d'entrer dans nos poumons, est entré dans les poumons de dix autres personnes (au bas mot). Un air qui est passé aussi auparavant par un moteur de voiture ou de bus ou de chaudière. Ou par un système digestif… Mais c'est peut-être moi qui ne comprends rien à tout ça. À ce mode de vie qui est le summum, pour la majorité de mes concitoyens. Peut-être que les poumons humains servent au contraire à épurer l'air malsain des villes ? Plus les villes sont denses, plus l'air y est épuré ? Je n'avais pas envisagé cette possibilité… Du coup, il y a nécessité d'entasser encore plus de personnes dans les villes pour améliorer la qualité de l'air. C'est écologique…

À la campagne, point d'intermédiaire négociant n'est nécessaire. De votre jardin vous tirez de bons et sains légumes, qui fortifient votre corps et épanouissent votre cerveau. Vous vivez en meilleure santé et vous produisez de meilleures idées. On réfléchit mieux quand on n'a pas le coude du voisin dans le ventre ou le pied de la voisine dans le dos !

À la rigueur, la concentration urbaine de poumons et de têtes n'a de sens que pour la science, l'éducation et l'art. Toutes ces activités qui profitent des échanges intenses d'idées et de savoir-faire. Avec les réseaux routiers dont nous disposons et avec internet, toute autre forme de concentration urbaine, à mon avis, ne fait plus sens. C'est « has been ». Sauf pour la grande distribution, bien sûr, qui veut vendre encore et toujours plus. Mais elle est l'enfant d'une époque, époque dont la fin est maintenant en vue, heureusement. Un mouvement de désurbanisation s'est amorcé, dont je fais partie.

Il y a deux décennies encore les « cerveaux » quittaient la France faute de pouvoir y trouver un emploi. Aujourd'hui ces cerveaux partent à la campagne. Et cela brise un autre tabou : que la campagne serait le repaire des idiots et la ville le repaire des intelligents. La désurbanisation amorcée va renverser les questions. Ce seront bientôt les gens de la campagne qui demanderont « pourquoi s'entasser dans les villes ? » et non plus les citadins qui demanderont « pourquoi rester croupir à la campagne ? » Un rééquilibrage des valeurs va se produire, le mode de vie urbain ne pouvant plus prétendre être le summum de l'humanité et les citadins ne pourront pas ne pas écouter les questions des ruraux. Le plus important est que la fierté citadine va perdre de sa superbe – je fus moi-même citadin et j'avais l'impression de vivre au centre du monde, de vivre là « où ça se passe ». Le citadin se sent toujours supérieur ; lui est au cœur du monde, le plouc de la campagne vit aux marges du monde… Il en résultera que le futur ne sera plus systématiquement imaginé avec des seuls paramètres urbains. Notre imaginaire du futur va se rééquilibrer en incluant la vie au contact de la nature. Lorsque je vivais en Allemagne, je constatais que mon entourage n'imaginait qu'un seul futur : un futur urbain, où 90 % de la population serait urbaine. Je ne peux pas croire à cette vision. L'entassement n'est pas une fatalité. Il est très important que d'autres visions du futur se propagent, sinon nos descendants seront effectivement quasi-exclusivement des animaux des villes, et la campagne ne sera qu'une surface de production agricole ponctuée de zones de loisirs. Ce qu'elle est déjà dans la tête des citadins mal oxygénés, malades et aux cerveaux abrutis par la publicité.

Toutes ces pensées angoissantes ! Pas de panique : elles s'effacent dans le calme du jardin en hiver, où souffle un vent mêlé de flocons de neige, sous un ciel gris lourd et cotonneux. Le haut des brins d'herbe dépasse de la neige fondante. Tout est là, sous la neige, en attente des beaux jours d'avril. Le tumulte, la cohue et l'avidité n'existent pas au jardin. Merci. Réjouissons-nous de l'isolement qui nous procure ! Dans cet isolement nous pouvons concentrer notre être au cœur de l'hiver.

Petites choses à faire

L'hiver tire maintenant à sa fin, parfois il fait presque chaud, parfois la neige revient. Je fais des semis depuis février, et les voir lever m'indique qu'il faut me préparer pour le printemps : révision de la tondeuse et du motoculteur, nettoyage de la jardinerie, maçonnerie dans le garage, contrôle et graissage des outils, remise à niveau de l'art de faire des nœuds (pour nouer les cordes servant à tuteurer et à tenir les filets). Le temps est tout indiqué pour faire ces menus travaux, sans aucun stress. À partir de mai il n'y aura plus de temps disponible pour faire ces réparations et ces améliorations. La nature marchera à grand pas et moi j'essaierai de la suivre en clopinant. Je prends conscience que lorsque j'étais un employé, toutes les petites choses devaient être faites « entre-deux » et toujours le plus rapidement possible. Sous contrainte de temps. Il était interdit de « souffler », d'accorder plus de quelques minutes à une tâche d'importance secondaire. Le secondaire devait être évacué au plus vite ; le temps ne devait être rempli que par ce qui rapportait un maximum d'argent.

En ce mois de mars j'ai donc pris le temps de réviser ma tondeuse et de parfaire ma maîtrise des nœuds. Et ça m'a permis de regarder mon activité par le petit bout, si je puis dire. De ne pas la voir en pensant sans cesse aux respects des principes agroécologiques ou au chiffre d'affaires à venir, comme je fais sans cesse. Je l'ai regardée en tant que mécanique et en tant que cordage. Une vidange là, un nœud de vache ici, un dégraissage là, une dent de râteau à redresser, un grillage-tuteur à nettoyer. Ce changement de perspective fait du bien au cœur et au cerveau. Ça déstresse. Les petites choses ont leur importance. Quand on ajoute les petites choses bien faites aux grandes choses bien faites, qu'obtient-on ? La perfection.

Chaque saison implique d'adapter les taches de travail au jardin, c'est évident. Mais je me suis rendu compte que chaque saison m'invite aussi à changer mon regard sur mon activité de maraîchage agroécologique. Cette variation des perspectives est très agréable, en comparaison de mes précédents emplois où d'un bout à l'autre de l'année le travail ne variait pas et où les occasions de le regarder sous un autre angle n'étaient pas permises par l'employeur.

Le changement de perspective a plusieurs effets. D'abord il rend humble : on voit à quel point sont nombreux les facteurs extérieurs qui régulent l'activité. Mon jardin est autonome et pourtant il est relié et interdépendant. Mon jardin est au croisement de la matière, de la vie, de la société, de la technique, de la science, des émotions, du chaud, du froid, du vent, de la tempête, du calme, des nuages, de la pluie, de la sécheresse, de l'abondance, de la rareté, de l'effort, de l'esthétique, du repos, de l'intuition, de la logique… Ensuite, le changement de perspective stimule l'intellect, et donc la compréhension et le savoir-faire. C'est aussi très agréable. J'acquiers de la confiance en moi, non pas parce que je me spécialise à fond sur une seule activité, comme cela m'a été inculqué dans mes précédents emplois, mais parce que je vois tous les aspects de plusieurs activités et que dans mon travail je m'accorde des moments sans stress. Dans mes précédents emplois, il fallait toujours être « au top », toujours. Mon travail actuel me convient mieux. Je suis certes très peu productif en comparaison des précédents. Mais la diversité des taches et des regards me « remplit » plus et mieux. C'est notre biologie humaine, je suppose. Notre cerveau n'est pas fait pour penser toujours que d'une seule façon et nos muscles ne sont pas faits pour exécuter toujours le même mouvement. La diversité est la vie. C'est rien moins qu'un changement de paradigme, pour le citadin employé de l'industrie que j'étais.

Gris mars et crotte de renard

Le mois de mars s'étire lentement, dans la grisaille et le froid. Soudain on le croit parti, avril le remplace, mais janvier revient deux jours après ! Quoique ma vie d'hiver se déroule en majorité à l'intérieur de la maison, afin d'écrire, je sors tout de même chaque jour observer mon jardin. Je suis dehors parfois des journées entières, car le mois de mars est le mois des premiers travaux (semis, bâches noires à étaler, petits fruitiers à désherber, prairie à tondre). Donc chaque jour je parviens à être là quand le moindre rayon de soleil perce les nuages. Je parviens à percevoir que mars n'est plus tout à fait l'hiver, mais pas encore le printemps. La très grande majorité des travailleurs ne peut pas connaître la météo telle que je la connais. Petit-déjeuner rapide, transports, travail, pause déjeuner rapide, travail, transports, sports et loisirs rapides, dîner : ils n'en ont pas le temps. Ils ne peuvent pas profiter des fugaces rayons du soleil, encore moins s'imprégner de l'air qui doucement se réchauffe. Doucement. Le mois de mars leur paraît hivernal, et l'hiver se prolonge jusqu'en mai pour eux ! Je gagne peu d'argent en comparaison des salaires « normaux », mais la contrepartie est agréable : mon hiver dure trois mois de moins que le leur. C'est la juste longueur de l'hiver. Idéalement, toute personne qui le souhaite devrait pouvoir travailler à mi-temps pour être en phase avec le rythme naturel du temps et de la météo. Cependant, notre état social-démocratique aurait bien trop peur de tous ces gens qui apprécient la vie… Le mal-être généralisé et institutionnalisé par la nécessité de gagner de l'argent pour payer les impôts, est un programme politique facile et efficace pour diriger les consciences. Donc réjouissons-nous de pouvoir être en phase avec le temps des saisons ! Cela est d'une grande valeur. Citadins, l'hiver vous paraît morne, gris et long, parce que votre mode de vie ne vous permet pas de le connaître tel qu'il est, coincés que vous êtes entre des immeubles et dans des boîtes de toutes sortes, dont Pierre Rabhi fait la liste avec humour.

Je ne dis pas que la vie en hiver soit toujours facile : j'ai explicité cela dans mon livre sur les émotions déplaisantes au jardin. Mais elle est édifiante. Elle est instructrice. Tout est source d'enseignement. Par exemple, quoi de plus triste, un gris jour froid et pluvieux de mars, que de voir des crottes ? Ainsi le mois de mars de cette année 2018 semble se finir par des crottes : des crottes de chat, enterrées ou bien visibles, des crottes de chien errant qui traverse mon jardin, de hérisson, de campagnol, de musaraigne, de limace qui grignote les premiers plants en serre, de poule, d'oiseaux et de renard. Eh oui ! Un renard a eu l'idée de déposer son obole près de la porte de mon garage, devant laquelle je passe tous les jours. D'un côté, cela atteste que mon jardin est accueillant envers la faune sauvage. De l'autre, cette crotte n'était pas bonne pour mon moral. La voir matin, midi et soir me donnait le cafard. Cependant, la merde fait partie de la Nature, c'est une des étapes du grand cycle ! C'est le symbole de la mort, la fin de la fin, la fin de la fin de l'hiver. On finira tous ainsi…

Mais c'est à ce moment-là, quand le gris est devenu noir, que la volonté de vie renaît. Quand la fin est arrivée, et que la fin elle-même se termine, il ne reste plus rien d'autre que la volonté de vie. La vie, nous, sommes réduits à ce modeste et unique point qu'est la volonté de vie en cette fin de mars. Et tout peut redémarrer. Réjouissons-nous ! Ne restons pas obnubilés par les plus dures leçons que la Nature nous inflige. Balayons les crottes. Allons de l'avant. Vers le printemps !

Résumé : le bonheur en hiver

Regarder la terre sous ses pieds ;
Comme elle, concentrer en soi ce qui est précieux ;
Comme elle, faire des éléments une peau qui nous protège et nous réchauffe ;
Se remplir du calme ;
Se mettre au rythme du temps lent – qui ne connaît pas le temps lent ne saura aller vite au printemps ;
Ressentir les dimensions du temps : la chaîne d'union qui nous unit aux agriculteurs passés et à venir, être ici et maintenant dans le jardin, être dans l'an un de l'humanité, être dans le temps cosmique des étoiles et des planètes, être dans le temps de la société.
La symbolique de la terre ;
Renaissance ;
Regarder la mort ;
Goûter la frontière de la vie à ses tout débuts ;
Les avantages de la solitude ;
Être reconnaissant des petites choses à faire ;
Un hiver ni trop long ni trop court, ni trop vide ni trop plein.

IV

Printemps espère

De la simplicité pour reconstruire dans la joie

Toute l'année précédente s'est écoulée, épanouissement, exubérance, flétrissure, pourriture, pour ne se réduire qu'à un excrément, à un point, à la toute fin de l'hiver. Ce point est la volonté de vie, et avec lui tout va redémarrer.

Le point est un symbole aux multiples significations. Au jardin, tout spécialement au printemps, il est la graine, ronde et petite, qui porte en elle la vie dans toute sa splendeur à venir. Mais le point est aussi le symbole de lui-même pourrais-je dire, à savoir qu'il est la simplicité. Il n'y a rien de plus simple que le point. Il convient de démarrer avec le printemps dans la simplicité. La simplicité du cœur ainsi que de la tête.

Après tout, l'année à venir n'est-elle pas un territoire inconnu, que l'on va être forcé d'explorer ? S'y élancer plein d'espoirs, ou d'appréhensions, la tête pleine de théories ou de principes, n'est pas la meilleure stratégie, selon moi. Cf. l'ephexis !

Concrètement, qu'est-ce que la simplicité ? En voici un exemple. Pour fixer les bâches de mes tunnels et pour éviter que les fèves ne versent, j'utilise tout simplement… de la corde. La corde est un outil de base, tellement basique qu'on a tendance à l'oublier. Notre société nous propose des outils compliqués pour la moindre action à réaliser. Des outils à acheter, bien sûr. Une sangle à cliquets, par exemple, avec son mécanisme anti-retour et ses robustes leviers en acier forgé, doit vous permettre de tendre rapidement et efficacement une corde (selon la publicité). Et un grillage à large maille, tenu par des piquets et du fil de fer, évitera que les fèves ne versent dans le chemin, tout en vous permettant de récolter les gousses à maturité. Cependant, une corde vous rendra les mêmes services. La seule condition est de savoir faire des nœuds. Concrètement, deux nœuds suffisent pour tendre la corde qui va fixer les bâches avec solidité et fiabilité, et pour tendre la corde qui retiendra les pieds de fèves. Deux nœuds remplacent sangles à cliquets, grillages et piquets.

L'éloge de la simplicité est dans l'air du temps. On parle de décroissance et de renoncement aux gadgets électroniques, on parle de retour à des modes de vie simples, en proximité avec la nature, sans appareil administratif ou législatif encombrant qui complexifie les relations humaines. Mais peu de personnes osent quitter la société capitaliste et sa frénésie techno-consumériste. La raison en est … simple : réfréner le recours à la technique fait peur. Comment vivre sans sèche-cheveux ? Sans lave-vaisselle ? Sans voiture avec GPS et conduite assistée ?

Sans ordinateur ? Sans accès à internet ? Sans chirurgie ? Effectivement, la restriction technique volontaire implique de changer de style de vie d'une part, et de réfléchir à des alternatives techniques d'autre part. Ce sont là des difficultés à ne pas sous-estimer. Mais ces difficultés ne doivent pas occulter la joie qu'on éprouve de « faire par soi-même ». J'en reviens à l'exemple de la corde : sa simplicité autorise en fait une multiplicité de fonctions. Des fonctions d'attache, de lien, de mise en tension, mais aussi des fonctions inattendues. Parmi les nombreux nœuds qu'il est possible de réaliser, le nœud dit « de Prussik » permet de fixer une corde sur un tube tout à fait lisse. Et la corde ainsi fixée ne pourra pas se déplacer sur le tube, pourtant lisse ! L'adhésion au tube sera totale : ce nœud est utilisé entre autres par les alpinistes, qui lui confient leur vie en toute sécurité. Cette fonction est à première vue paradoxale, et sans corde une telle fixation nécessite un matériel conséquent (un collier de serrage métallique par exemple, ou une perceuse pour faire traverser le tube par un boulon).

Bref, la simplicité est peu onéreuse. Et le résultat en est très satisfaisant : un savoir minime permet de remplacer des outils onéreux et complexes à fabriquer. Mais avant de parvenir à un résultat concret et fiable, il faut acquérir ce savoir et le savoir-faire qui va avec. Il faut du temps pour découvrir ce savoir, pour l'apprendre et pour devenir efficace dans son utilisation. L'issue de ce processus d'apprentissage n'est jamais garantie : celui qui enseigne, ou le support d'enseignement (livre, vidéo, etc), peuvent être incomplets ou peu pédagogiques. Et la réceptivité de l'apprenant peut ne pas être optimale. Il est indispensable d'avoir de la volonté. Et seule l'expérience permet de choisir la technique, par exemple le nœud, qui est le plus adapté à la situation.

Apprentissage, volonté et expérience sont incertaines en comparaison de l'outil dont la fonctionnalité est certaine. La sangle à cliquet fonctionne très bien ; beaucoup de gens l'utilisent de par le monde. Voilà pourquoi des gens intéressés par la simplification de la vie, qui est entre autre la sobriété heureuse prônée par Pierre Rabhi, hésitent à faire le pas. Ils hésitent à aller vers l'incertitude. Il faut alors leur montrer que repartir des choses les plus simples pour construire son environnement, procure une grande satisfaction personnelle. Une satisfaction qui fait oublier le stress et l'effort des premiers temps. C'est une grande source de joie.

Toujours avec l'exemple de la corde : il m'a fallu plusieurs heures d'observation du tutoriel et autant de pratique pour parvenir à faire un nœud qui permet une important mise en tension de la corde (nœud dit « du camionneur »). Ce faisant j'ai augmenté mes facultés d'observation, de pensée tridimensionnelle, de pensée logique ainsi que ma dextérité manuelle. Autant de capacités que l'utilisation d'une sangle à cliquet ne permet pas de développer. Je me réjouis de mes nouvelles capacités ! J'ai l'impression « d'exister plus », d'avoir plus de substance. Et mes bâches de tunnel tiennent bien et mes fèves ne versent pas. Je me réjouis deux fois. La mise en place de la corde et du nœud, ainsi que leur démontage, sont rapides. Je me réjouis trois fois.

Certes, on me dira que si l'humanité en était encore à s'extasier devant la qualité des nœuds qu'elle est en mesure de réaliser, l'ordinateur avec lequel j'écris ce livre n'existerait pas. Comme disait un horticulteur qui cultive des fraises hydroponiques hors-sol avec moult engrais liquides, « la 404 était une bonne voiture, mais il faut aller de l'avant ». Aujourd'hui les capacités d'un individu sont considérées comme négligeables : seuls comptent la production en entreprise, fruit d'un travail collectif d'ingénieurs, de techniciens, d'ouvriers et, surtout, de machines. *Le savoir technique d'aujourd'hui n'est plus à l'échelle de l'individu mais à l'échelle du corps social technique (de l'ingénieur à l'ouvrier) et de la virtualité (machines pilotées par ordinateur et par les premières intelligences artificielles).* C'est un savoir qu'un individu seul ne peut pas mettre en pratique. Donc c'est un savoir collectif, et qui ne peut s'apprécier que collectivement. Un individu ne peut retirer aucune fierté des résultats de ce savoir. Êtes-vous fiers, par exemple, du livre que vous tenez entre les mains, livre qui est le produit d'une imprimante hautement perfectionnée ? Notre monde est rempli d'objets techniques dont nul être humain ne peut être fier. Du moins, quand ils le sont, et je pense par exemple aux réalisateurs d'engins spatiaux, ils ont la fierté d'avoir bien coordonnés leurs efforts. D'avoir été totalement interdépendants pour parvenir à la réalisation de ce gigantesque projet. Mais autrement, l'individu disparaît dans l'effort collectif au profit de la seule fonction du produit élaboré. Le travailleur modèle d'aujourd'hui n'est pas seulement interdépendant de ses collègues et de ses machines : il en est totalement dépendant.

C'est là un ressort psychologique profond qui fait que bien des gens, quoi qu'intéressés par la simplicité de vie, hésitent à faire le pas. La simplicité implique de renoncer à la vie sociale, du moins à certain de ses pans. La vie sociale est d'autant plus complexe qu'elle est associée à une technologie complexe : l'une et l'autre sont tout à fait indissociables. Si le smartphone est simple à utiliser, c'est parce que les accords commerciaux internationaux sont particulièrement complexes. La globalisation de notre économie repose sur des lois particulièrement complexes et compliquées, conçues et mises en œuvre par une quantité très importante de personnes. Le smartphone est un outil technique qui prend place dans une société structurée très finement par les lois et les forces sociales annexes (publicités mondiales et cultures locales).

Cependant, comme on le comprend dans les paroles de l'horticulteur, ce qui est techniquement plus développé n'est pas forcément mieux pour le bien-être et la santé. Ce qui laisse penser que la complexité de la vie sociale n'est pas exactement corrélée à la complexité de la technologie. C'est là une heureuse constatation !

Le nœud du camionneur est l'œuvre d'un seul. Tout le monde peut le faire tout seul, sans l'aide d'une machine ou d'un gadget technique. Toute personne qui le réalise peut légitimement en être fière ! Mais le savoir qui rend ce nœud possible peut aussi, en partie, aider à diriger notre société qui devient chaque jour de plus en plus technologiquement complexe. J'en suis persuadé. Le savoir d'un seul individu peut encore et toujours servir à contrôler une société entière et entièrement technologique. Pourquoi ? Car *dans la réalisation de ce simple nœud, l'humain manifeste ses caractéristiques les plus essentielles.* Je ne crois pas qu'une société dirigée par un groupe d'experts en technique soit durable. Le groupe d'experts ne peut prendre en considération que le collectif – qui crée la technique. Seule une société faite d'individus, qui se reconnaissent aussi comme des individus et pas seulement comme un collectif, peut perdurer. La gestion des collectifs se fait via les outils statistiques, et l'on sait déjà que cela est tout à fait inhumain. Et inacceptable : ainsi on répand des techniques dont on sait que certains individus vont en mourir (vaccinations multiples, ondes électromagnétiques, nanoparticules, et bien sûr les pesticides et autres substances xénobiotiques). Mais le groupe d'expert estime que ces morts sont inévitables et nécessaires, pour garantir la survie du plus grand nombre. Par le passé, des peuples que l'on qualifie aujourd'hui de primitifs et barbares, sacrifiaient les leurs, les Incas par exemple. Nous somme comme eux : nous sacrifions des nôtres, pour des raisons que nous jugeons supérieures à des raisons religieuses. Mais in fine le résultat est le même : des sacrifices... Quand l'individu s'efface au profit du collectif, l'individu devient une variable d'ajustement. Quand la technique dépossède l'individu de faire par lui-même, l'individu perd ses capacités et perd sa fierté. La simplicité au jardin, c'est l'humanité retrouvée. Youpi !

Faire en sorte que la simplicité contraigne une société technologiquement complexe, équivaut à résoudre la quadrature du cercle. Ou, dit autrement, à unir les contraires. C'est-à-dire faire en sorte que des façons de penser et d'agir individuelles soient les modèles pour diriger la société. Mais nous n'avons pas d'autre choix que de tenter de résoudre cette quadrature du cercle : autrement l'individu est voué à disparaître dans une technologie qui n'existe que pour et par le collectif. Et demain une technologie qui existera par et pour l'intelligence artificielle : une autre « menace ». Bref, l'individu est en danger.

Nous faisons évoluer notre environnement, et celui-ci en retour exerce sur nous une pression de sélection. Nous voyons que le climat change à cause de nos techniques de combustion, mais un nouveau climat n'est pas le seul nouvel environnement qui va nous mettre à l'épreuve. L'environnement technique, que nous créons, nous met aussi à l'épreuve (technologie des réseaux, « big data » et intelligence artificielle). À quoi on peut rajouter la menace hybride du transhumanisme (qui combine la menace technologique décrite ci-avant à une déconstruction/modification visant spécifiquement et l'individualité et l'humanité en chacun de nous). Et ce nouvel environnement technique a déjà commencé à sélectionner les individus qui sont les plus aptes à vivre en lui. Les individus les moins … individuels. Voyez l'usage qui est aujourd'hui fait d'internet : pour acheter, pour commander, pour payer les impôts, etc. Internet met au ban de la société les personnes qui ne maîtrisent pas ses codes. Plus simplement, internet met au ban de la société les personnes qui n'utilisent pas internet. Il n'y a pas d'adaptation individuelle possible : l'individu soit s'adapte à internet, soit ne l'utilise pas.

Choisir de vivre en simplicité, c'est reconnaître et accepter ce danger que font peser nos avancées techniques sur l'individu. Quand on est chaque jour au jardin et qu'on constate que les techniques les plus simples peuvent être fiables, par contraste la société nous paraît clairement remplie de milliers de techniques inutiles et anti-humanistes. Vivre la simplicité au jardin, ce n'est rien de moins que de faire un pas en dehors de la société. C'est s'éloigner. C'est remettre en cause un paradigme, c'est changer de monde. C'est quitter le monde technique qui s'est mis en place depuis la révolution industrielle du

19ᵉ siècle. Et cela peut faire peur. On nous a tellement mis dans la tête que la Nature est mauvaise et que c'est uniquement avec toujours plus de technique pour la maîtriser qu'elle ne nous tuera plus... Je suis content de m'être habitué à ce nouveau regard sur la société, car ce nouveau regard, sur la base de la simplicité, me permet de ne plus accepter pour argent comptant toutes les innovations et les modes techniques. Cela me confère une certaine « paix de l'âme ». En fin de compte, ce n'est pas si compliqué que ça de vivre, parce que ce n'est pas si compliqué que ça de faire pousser des légumes et des fruits ! Eh oui ! On peut vivre sans internet. Sans réalité virtuelle. Demain il faudra affirmer envers et contre tous qu'on peut vivre sans être secondé par une intelligence artificielle. L'être humain tient debout, seul, sur ses pieds. Voilà ce que me dit mon jardin, le matin avant de démarrer une journée de travail et le soir quand la journée est terminée.

Le jardin n'est pas du tout l'équivalent d'un objet technique qu'on allumerait le matin pour travailler avec et qu'on éteindrait le soir. Même la notion de travail est trop compliquée quand on est au jardin. C'est... autre chose ! C'est la liberté, fondée dans la simplicité. Merci mon jardin !

Certes, peu des personnes qui hésitent à faire le pas ont conscience de la profondeur et de la signification réelle de ce geste. Là encore, les mots sont faibles pour exprimer ce nouveau regard. Car c'est presque plus qu'un regard ; c'est une nouvelle façon de respirer. On respire plus sereinement quand le jardin nous a libéré de la peur. Quand il nous a fait voir qu'il est simple de vivre. Je le redis : ce n'est pas dangereux !

Renouer avec la simplicité, apprendre à construire à partir de pas grand-chose, est édifiant et épanouissant. Cela procure une joie simple et fondamentale. Cela donne confiance en soi. Et cela n'implique pas pour autant de bannir toute forme de technique complexe, tel cet ordinateur qui me permet d'écrire ce livre.

Si on perd le sens de l'individu, vers quel collectif allons-nous ? Un collectif d'individus qui n'ont plus conscience de leur individualité est-il encore un collectif ? Je ne sais pas ce que c'est. C'est un scénario de film d'horreur, certainement.

Pratiquer l'agroécologie, c'est d'une part faire l'effort de gérer notre environnement et d'autre part c'est « affûter » notre humanité sur la base de nos caractéristiques essentielles. Nous devons nous trouver dans ce qu'il y a de plus simple. Sachons ce qui est simple et qui nous constitue, alors nous pourrons savoir quel futur complexe est à notre portée. La simplicité du jardin nous prépare à l'infinie complexité du cosmos. Si nous ne savons pas qui nous sommes – si nous ignorons cette simplicité qui nous fonde – alors nous ne pourrons aller nulle part.

Un autre exemple de simplicité volontaire serait de pratiquer l'aquariophilie telle qu'à ses débuts, ainsi que l'a décrite Konrad Lorenz (le fondateur de l'éthologie, la science du comportement des animaux). Pas de pompe, pas de chauffage de l'eau, pas de nettoyage automatisé, pas de nourrissage automatisé des poissons, pas de filtrage automatisé de l'eau ! Il s'agit de reproduire la faune et la flore d'une rivière simplement en positionnant l'aquarium de façon à ce qu'il reçoive la juste quantité de lumière et de chaleur solaire. Après y avoir introduit les plantes, les poissons, les insectes et des spécimens de tout le petit monde qui vit dans la rivière en question. Ce n'est pas facile de reproduire dans un aquarium un écosystème naturel, qui plus est de le rendre stable et auto-régénérant, comme dans la nature. Mais quelle fierté que d'obtenir un modeste succès en direction de cet objectif difficile ! Ça vous rend plus humain que de simplement acheter tous les appareils qu'on trouve en vente dans les animaleries, pour équiper les aquariums. Ne pensez-vous pas ? Tous ces appareils d'aquariophilie, qui sont techniquement fort compliqués, sont-ils un progrès ? Évidemment que non.

Réjouissons-nous de la simplicité ! Acceptons d'en faire notre point de départ et de reconstruire à partir d'elle. Nous en bénéficierons, nous nous épanouirons, et la société bénéficiera de notre individualité retrouvée.

La présence

Nous voilà arrivés à la mi-avril. L'air et la terre se réchauffent, les premières plantes poussent. Les mauvaises herbes plus précisément ! Il est consternant de voir la facilité avec laquelle elles poussent tandis que les légumes domestiqués sont d'une lenteur et d'une fragilité déconcertante. Le froid les rend rachitiques et les limaces les dévorent en moins de deux. L'hiver a été pluvieux et long, et en ce début de printemps la renoncule rampante s'épanouit tout à fait. C'est une plante véritablement envahissante. Dois-je m'en inquiéter ? Par endroits dans mes allées elle prend la place de l'herbe. Or tout mon système de culture agroécologique repose sur l'herbe, à mulcher, à tondre et à faucher. Par endroit j'ai dû me résoudre à enlever à la main les renoncules en trop grand nombre, mais j'ignore si c'est la bonne solution. Peut-être que l'herbe de mes allées est vouée à disparaître complètement ? L'herbe n'aime pas le piétinement excessif, c'est un fait bien connu de tous les conservateurs d'espaces naturels protégés. Que faire ? La renoncule pousse sur les bords des planches cultivées, bords qui sont toujours paillés mais où aucune culture n'est jamais semée – car la culture s'étalerait alors sur l'allée, empêchant tout passage pour tondre et pour récolter. Peut-être n'ai-je pas d'autre choix que d'enlever un à un, à la main, les renoncules ? Ou bien un semis d'engrais vert hivernal adéquat, après culture, en bord de planche, pourrait-il les étouffer ? Ou bien est-ce un effet lisière[9] que je ne comprends pas encore, et dont je ne parviens pas encore à tirer un avantage ? Ou est-ce dû à l'état de ma terre, dont je ne prendrais pas correctement soin malgré tous mes efforts ? Mais cette « mauvaise herbe » n'est-elle pas là, tout simplement, pour me rappeler qu'il est impossible de contrôler entièrement la Nature ? Pour me rappeler que l'agriculture ne peut pas prétendre à la perfection[10] ?

---

9 Cf. mon *cours théorique d'agroécologie*.

10 Et n'est-ce pas une caractéristique de la nature que d'évoluer sans cesse ? Elle nous oblige à nous adapter sans cesse à elle ; cela stimule l'intellect, et c'est aussi pour cette raison que nous avons, en tant qu'*Homo sapiens*, un gros cerveau. Nous avons de fortes capacités d'observation et de réflexion *parce que* nous avons évolué avec la Nature et ses *variations*. Pas les variations évidentes, qui ne nécessitent pas d'importantes capacités intellectuelles, mais les plus subtiles ! Nos yeux et notre cerveau sont faits pour percevoir les plus infimes détails, afin que nous nous adaptions aux plus infimes variations. La nature est notre maître en complexité, et tous les manuels scolaires et universitaires réunis ne font pas un aussi bon maître. D'ailleurs, je suis convaincu qu'en ne côtoyant que des per-

Craintes, questions, incertitudes : il y a toujours dans le jardin quelque chose qui peut me causer des soucis. Chaque année ça change. Que sera-ce l'an prochain ? Mystère...

Bien sûr il ne faut pas sombrer dans le fatalisme. La nature, curieusement, me le rappelle. Avec ces renoncules elle me met en face du doute, en face de la perte de contrôle, et peu après elle me met en face de l'espoir et de la confiance ! Car certes les renoncules sont vigoureuses cette année, mais d'autres mauvaises herbes de second rang, pour ainsi dire, prennent le relais. Des mauvaises herbes qui ne sont pas envahissantes. L'une d'elle précisément, cet après-midi, a « attrapé » mon regard avec ses jeunes feuilles vert tendre qui commencent à se déployer. Météo difficile d'un printemps au nom trompeur, pullulation de limaces qui dévorent plants et semis, envahissement par une mauvaise herbe, crainte pour mon système de culture tout entier et ... force vitale ! Cette plantouille pousse dans le sens de la vie, hourra ! Je ne suis plus le seul, enfin, à m'échiner à faire pousser mes légumes dans ce même sens ! C'est-à-dire que cette plante sauvage est le signe du grand mouvement de la vie, de l'élan de vie végétale qui démarre, élan que je vais prendre moi aussi avec mes semis et mes premières plantations faits aux bonnes dates. Malgré les longues journées froides et pluvieuses que mes semis et moi avons traversés, cette plantouille insignifiante me parle, et elle me dit qu'à partir de maintenant tout va aller de mieux en mieux. Car si elle, se met à pousser, mes plants ne vont pas tarder à faire

---

sonnes et en ne vivant qu'en ville, même en exerçant un métier particulièrement complexe, le cerveau est sous-stimulé. Il lui manque les subtiles variations de la Nature. Réjouissons-nous de la nature : c'est là notre environnement idéal d'*Homo sapiens*. C'est là qu'on se sent véritablement totalement humain.

de même. Et la renoncule n'occupera plus le devant de la scène. Réjouissons-nous !

Curieusement, cette petite plante m'a aussi fait penser que je ne suis pas seul dans mon jardin. La nature est là. La *Nature* ? Oui, j'ai presque ressenti une présence lorsque j'ai compris le message porté par cette petite plante. Je me suis senti spontanément moins seul. Or quand on se sent moins seul, c'est qu'il y a une présence avec nous, n'est-ce pas ? Quand j'ai vu la plante, j'étais la seule personne humaine dans mon jardin. Mais je me suis tout de même senti moins seul. C'est une expérience curieuse... Après la traversée de l'hiver et le sommeil de la nature, après un début de printemps qui met en travers de mon chemin tous les obstacles possibles (froid, pluie abondante, vent, limaces, paquets de graines non fiables qui ne lèvent pas, terreau trop riche qui fait moisir les graines, pullulation de campagnols qui ont détruit les pieds d'artichauts, etc), je ne m'attendais plus à recevoir un signe positif de la part de la Nature. Je ne pensais même plus que la Nature pouvait être amicale. J'étais tellement dans l'ephexis[11].

Je me suis senti moins seul et un peu reconnaissant envers la Nature. Agréables moments... Mais ! Est-ce vraiment une bonne chose que de se réjouir ? Est-ce une bonne chose de croire qu'à partir de maintenant tout ira mieux, comme me l'a dit la petite plante ? Ou est-ce un signe que l'ephexis s'est brisée ? Est-ce un signe que le jardin m'a fait, en traversant le rideau de l'ephexis dont je me suis entouré, pour venir me rappeler que si, il est là. Il est bel et bien là. Qu'il existe et qu'il ne

---

11 Cf. mon *Quand la nuit vient au jardin*.

mérite pas d'être ignoré émotionnellement, isolé derrière le rideau de l'ephexis ? Est-ce un signe, le signe d'une présence ? La présence du jardin en tant qu'*individu* ? Ou la Nature elle-même ? Son esprit ? Ou bien, est-ce qu'à force de vivre isolé, sans ami, sans femme ni enfant, quasiment sans vie sociale, mon cerveau programmé pour la vie en société me fait « croire » que mon jardin est l'équivalent d'une personne ? De la même façon qu'on finit par parler à son chat ? Ou à … ses plantes. Le cerveau fait comme si, faute de personne à qui parler ? Possible.

Tout est possible. La Nature est si vaste et si complexe que sa compréhension peut excéder nos capacités cérébrales. Alors le cerveau l'imagine comme une entité distincte, comme un être vivant à part entière.

Réjouissons-nous que ce printemps-ci ne soit pas comme celui des années précédentes : il nous met en face d'une nouvelle occasion de réfléchir, de ressentir, d'imaginer, de tester. Réjouissons-nous ! Chaque printemps est unique, le recommencement n'est pas la répétition.

PAS ASSEZ CHAUD, TROP CHAUD

Nous voilà à la mi-avril. En l'espace d'une semaine, les températures sont passées de 10° à 30 °C. Pas assez chaud pour la saison ! Trop chaud pour la saison ! Il n'y a plus de printemps ; celui-ci semble prendre comme son prédécesseur le chemin de la canicule en mai. J'aurais aimé des températures comprises entre 12° et 20° C, températures qui permettent aux cultures de printemps de bien mûrir. Déjà, hélas, il suffit de deux journées à 30 °C, et rhubarbe, artichauts, navets, choux précoces, radis et pois mange-tout montrent des signes de durcissement. Ils deviennent fibreux et arrêtent de croître. C'en est trop pour eux. Là où je le peux, je dois installer des voiles d'ombrages, ce qui représente un surcoût de travail considérable. Et un autre spectre en profite pour sortir de terre : la piéride du chou ! Elle entame déjà son vol et par dizaines cherche à pondre sur les jeunes choux, aux feuilles tendres. Il faudra recouvrir plus tôt que prévu les choux avec de coûteux filets anti-insecte…

Notre climat semble se modifier au fur et à mesure que notre atmosphère s'enrichit en gaz carbonique et autres gaz à effet de serre. Sommes-nous en train de perdre notre qualificatif de climat « tempéré » ? Allons-nous vers une année à deux saisons, hiver et été ? Ici en Basse-Normandie, nombreuses sont les terres dit superficielles : elles n'ont que deux voire trois dizaines de centimètres d'épaisseur de terre végétale seulement, au-dessus d'un sous-sol d'argile pure. La sécheresse 2016-2017 a révélé que ces sol, une fois asséchés en profondeur, mettent un temps considérable à se réhydrater. En 2017 les pluies ont repris en juillet, mais il a fallu attendre septembre pour que la couche de terre végétale redevienne humide. Pourquoi ? Parce que l'argile en dessous avait séché. L'argile a un très fort pouvoir de captation et de rétention de l'eau. Quand la terre végétale s'est retrouvée mouillée par les pluies revenues, l'argile a aspiré toute cette eau, desséchant la terre végétale. Les cultures, bien sûr, n'ont pas la capacité de pomper l'eau retenue dans l'argile : l'eau y est trop solidement fixée. Ce n'est qu'une fois l'argile arrivée à saturation, que l'eau a pu demeurer dans la couche de terre végétale et profiter aux plantes. Dit autrement, les terres superficielles sont fragiles. Si notre climat évolue vers une bisaisonnalité, avec un été qui dure d'avril à septembre, agrémenté de rares pluies (en été 2015, 2016 et 2017, les périodes sans pluie de plus de trois semaines consécutives étaient fréquentes), alors c'est toute l'agriculture normande à base du système herbeux qui sera remise en cause. La verte herbe de Normandie, l'or vert, risque d'appartenir au passé ! Donc fini le foin pour pailler, par exemple. Et finies toutes les cultures gourmandes en eau. En 2016 et 2017, sans de multiples arrosages artificiels, je n'aurais eu aucune récolte. La sécheresse est plus proche qu'on ne pense, parce que les sols argileux et superficiels n'ont pas de réserve d'eau.

Comment garder sa bonne humeur au jardin face à de tels changements de la météo et du climat ? Ephexis ! S'adapter, abandonner certaines cultures pour les remplacer et / ou utiliser des voiles d'ombrages. Planter des arbres participe aussi à limiter les sécheresses. À ce propos, est-il possible que le nombre d'arbres aille en augmentant ? Je ne le pense pas, car les moyens pour s'occuper des arbres vont en diminuant. D'une part, le nombre de personnes âgées, donc de personnes qui ne peuvent plus tailler les arbres, augmentent. Elles préfèrent alors de petites haies d'un mètre de hauteur, faciles à tondre. Dans le même temps, elles se plaignent sans cesse qu'il y a trop de vent ou qu'il fait trop chaud ou que la terre est trop sèche… Bien des gens ignorent les liens qui existent entre le climat et les arbres, hélas. D'autre part, nous avons un système économique qui rend horriblement cher le moindre travail manuel. Faire élaguer un arbre dans les règles de l'art vous coûtera la moitié de votre salaire mensuel. Les particuliers comme les agriculteurs préfèrent donc supprimer les haies, faute de pouvoir les entretenir correctement et à prix raisonnable. Dans le « journal » du département était présentée la nouvelle action de dons d'arbres pour replanter les haies, afin d'enrayer la disparition du bocage. Curieusement, ces élus de droite qui avant-hier et hier ont fait la promotion du remembrement, font aujourd'hui la promotion de l'arbre ! Un tel niveau d'hypocrisie est stupéfiant...

À défaut d'une éducation populaire adéquate et d'une modification adéquate de notre système économique, la situation ne va pas s'améliorer. Les arbres ne seront pas replantés. Nous pourrions très certainement retrouver un climat tempéré en plantant des arbres et en les respectant, mais je suis lucide : nous n'en sommes pas à ce stade. J'ai expliqué dans mon *NAGESI* les obstacles psychologiques qu'il faut lever pour renouer avec les arbres.

Chaque jardinier qui aime les arbres fait ce qu'il peut dans son jardin, mais moi je n'arrive pas à trouver le bonheur dans le mien. La quarantaine d'arbres que j'ai plantés ne peut pas affecter l'évolution du climat. Il faudrait qu'une majorité de propriétaires terriens plante des arbres. C'est une de ces situations dans lesquelles un petit nombre de personnes, même avec la meilleure volonté du monde, ne peut rien changer. Ne peut pas faire en sorte que le pire soit évité. J'ai fait ma part, mais une majorité est indispensable ; et il n'est pas là question de politique et de vote présidentielle. Si une majorité ne s'active pas, le climat va continuer à évoluer dans le sens d'une perte de tempérance. Le climat sera foutu. Ce n'est pas compliqué d'aimer les arbres et de les respecter ! Mais il me semble que les citoyens, captifs de la société de consommation, attendent qu'une solution technique miraculeuse soit inventée pour résoudre le problème du changement climatique. *Une solution technique qui leur dispensera d'aimer les arbres.* Tout comme on préfère avaler des médicaments quand on est malade, plutôt que de prendre soin de son corps en l'alimentant de façon correcte. Aimer les arbres, ce n'est pas à la mode. On n'en parle pas dans les publicités, ça ne rapporte pas plein d'argent, faut faire des efforts pour les entretenir, ça fait des feuilles qui tombent sur la terrasse et la pelouse et il faut les ramasser. Une feuille morte qui moisit sur la terrasse, c'est sale ! Les personnes en bonne santé qui ne sont pas prêtes à faire ce qu'il faut pour respecter les arbres ne méritent pas de vivre. Si elles ont la flemme de ramasser les feuilles sur la terrasse et qu'elles préfèrent abattre l'arbre, c'est qu'elles ont perdu une part considérable de leur humanité. C'est un des critères psychologiques que j'ai expliqués dans *NAGESI* : l'arbre étant plus grand que nous, il nous montre notre petitesse. Il nous enjoint à être humbles. Il nous rappelle que nous ne vivons pas longtemps.

La société de consommation, au contraire, attise constamment la promesse de la « technique-qui-peut-tout-faire » ; elle redéfinit l'être humain à son avantage, à savoir qu'elle fait de l'utilisation incessante des machines une caractéristique centrale de l'humanité. « Tu achètes de la technique, donc tu es puissant, donc tu peux abattre ce grand arbre qui te nargue par sa taille et par son âge ». Je n'accepte pas cette définition de l'humain, bien sûr. Mais la majorité des citoyens est envoûtée par cette propagande consumériste qui se déverse via les tonnes de publicité par voie postale, à la radio, à la télé et sur internet.

Alors, je me réjouis d'au moins une chose : de posséder le savoir qui est le mien et de pouvoir le transmettre. Un virtuose peut faire une musique convenable en pissant dans un violon. Comprenez-vous mon propos ? Voilà que je suis heureux au jardin, voilà que je comprends de mieux en mieux la Nature, et tout autour de moi on tronçonne, on ne replante pas, on arase les talus, on transforme des champs en parking à poids-lourd, on fait des routes (ah ces élus manchois qui construisent toujours plus de routes et qui nous disent de replanter des arbres…). À quoi sert donc mon bonheur si je suis entouré de graines de malheur ? J'ai presque honte d'être heureux.

Le problème est-il la solution ?

En permaculture on aime à transformer les problèmes en solutions. Les « problèmes » sont en fait des manifestations de l'énergie vitale de la Nature ; donc si énergie il y a, il faut l'utiliser en la canalisant à notre avantage. Par exemple utiliser les mauvaises herbes comme source de matière pour pailler ou les utiliser comme engrais vert ou les transformer en terreau en les compostant. La Nature produit toujours quelque chose, parce qu'elle a horreur du vide, et si nous réfléchissons bien, on peut toujours faire quelque chose avec ce que la Nature a fait !

En mécanique des forces existe une loi dit loi commune, qui résume toutes les observations qu'on peut faire des effets de levier, de poulie et de plan incliné : *ce qui est gagné en force est perdu en déplacement*[12]. La nature ne donne rien pour rien : l'effet de levier augmente la force d'une personne, pour soulever un rocher par exemple, mais pour soulever ce rocher de quelques centimètres uniquement. Et on connaît les jeux de poulies qui permettent de multiplier par deux ou plus le poids des charges à soulever avec un même effort. Peut-on transposer une telle loi de mécanique dans le monde des plantes et du sol ? À quoi correspondrait l'effet levier en utilisant non plus un bâton et un rocher, mais des plantes et de la terre ? En voilà une curieuse question ! Réjouissons-nous de cette question et de ce qu'elle nous permet de réfléchir et de regarder la Nature sous un nouvel angle !

Les engrais verts servent à rendre la terre plus fertile, à la protéger, à la rendre plus grumeleuse. J'ai préparé mes planches en utilisant des engrais verts, en faisant quatre semis sur deux années. J'aurai pu m'économiser ces deux années en labourant avec un puissant tracteur, d'abord en retournant la terre, puis en brisant les mottes et en les affinant avec les outils adéquats. Mais quelle dépense d'énergie colossale il aurait fallu ! *Ce que la nature fait sans effort avec le temps, l'homme qui n'a pas le temps le fait avec grand effort.* Deux années d'engrais vert préparent la terre pareillement, sinon mieux, qu'un tracteur en une journée. Voilà ainsi transposée la loi commune de la mécanique des forces au monde des plantes et du sol.

---

12 Loi établie par le hollandais Simon Stevin (1548-1620), in Paul SANDORI, *Petite logique des forces*, Éditions du Seuil, 1983.

Revenons à ma renoncule, plante envahissante qui défigure mes allées en prenant la place de ma belle herbe. J'ai préparé une « placette » – c'est ainsi que je nomme des petites planches de cultures de 3 ou 4 m^2 – qui était recouverte de renoncules. J'avais bien paillé en automne, mais les renoncules ont tout de même proliféré. Je les ai donc enlevées à l'aide de la grelinette, outil fort pratique pour ce faire, mais l'effort physique reste considérable. La terre, une fois débarrassée des envahissantes, était plus grumeleuse et surtout plus sèche que celles autres parcelles. En poussant avec vigueur depuis mars, les envahissantes ont désengorgé la terre, alors que les autres parcelles, en cette dernière semaine d'avril, sont toujours engorgées. Bien sûr, en conformité avec ma méthode agroécologique, j'ai déroulé des bâches noires sur ces parcelles début mars, pour éviter justement que les mauvaises herbes n'y prolifèrent. Pas de mauvaises herbes qui poussent, donc pas de « pompage » de l'eau, fort abondante après un hiver excessivement pluvieux. Là où je commence à enlever les bâches pour planter, la terre est compacte, humide, lourde, collante. Là où les renoncules ont poussé, la terre est humide à point et aérée… Il est facile de poser et de déposer une bâche noire sur la terre, il est difficile d'enlever les renoncules… Toute méthode, tout outil, toute technique, a des avantages, des inconvénients, une fonction et des limites d'usage. La perfection n'existe pas !

Regardons de plus près cette renoncule. Quelle est sa caractéristique la plus remarquable ? C'est qu'elle pousse vigoureusement dès mars, période à laquelle aucune culture ne pousse. À cette période il est même impossible de semer des engrais verts dans l'espoir de la supplanter : la terre est trop froide et trop mouillée. La renoncule pousse avec autant de vigueur que l'herbe, mais elle démarre un mois plus tôt, ce qui lui permet d'étouffer l'herbe. Même le célèbre *Rhumex* – la grande oseille des champs – n'y parvient pas. Seconde caractéristique : ses racines. Des racines blanches et fibreuses, solides, nombreuses qui ne s'étalent pas ni ne sont pivotantes mais qui fusent dans toutes les directions autant en surface que vers les profondeurs. Ce qui lui a valu de ma part le surnom de « pieuvre ». Ces racines puissantes se développent même dans la terre la plus tassée au milieu des allées ! Là il est particulièrement de l'extirper. Quand la renoncule se développe dans une terre meuble après culture, par exemple après des haricots, et que cette terre est paillée en automne, il est plus aisé de l'extirper à l'aide la grelinette voire à la main. Pourrait-elle donc être utilisée comme engrais vert d'hiver ? Ses avantages : couverture du sol à partir de mars, c'est-à-dire à partir du moment où le paillage d'automne finit de se décomposer et relaisse la terre à nu. Et vitalité racinaire, racines autour desquelles on trouve des vers de terre et toute la vie microbienne du sol qui va avec. Et la renoncule boit le trop-plein d'eau de l'hiver, ce qui permet à la terre de ne plus être engorgée en avril, donc de se réchauffer plus vite. Ses inconvénients : elle est pénible à extirper et elle est envahissante. Serait-il intéressant de la tester comme engrais vert ? Sachant qu'après un automne et un hiver pluvieux il faut de toute façon passer la grelinette pour décompacter la terre. Faire un semis de renoncule en automne, comme un engrais vert ? Encore faudrait-il que je maîtrise le semis. Une plante sauvage ne se laisse en général pas facilement domestiquer[13]. Peut-être que si le semis, la levée et la croissance sont bonnes, la renoncule pourrait m'éviter d'étaler mes bâches noires en mars, car elle empêcherait que d'autres mauvaises herbes ne poussent. Peut-être... Encore des questions ! Encore des choix, encore des opportunités de faire ou de ne pas faire ! Réjouissons-nous de ce genre de stimulation ! Constatons qu'il est bon de remarquer les petites variations de la nature, qu'il est bon d'admettre nos émotions et qu'il est bon de rationaliser nos émotions et de les dénouer, car cela nous fait aller de l'avant. Certaines personnes qui resteraient bloquées sur leur mauvaise humeur à cause de telle ou telle plante sauvage inconvenante rateraient une occasion de grandir leur être. Aux mauvaises herbes nous ne pouvons donc faire qu'une chose : leur sourire !

Connais les plantes

Mes observations, mes ressentis et mes réflexions à propos des plantes, domestiquées ou sauvages, doivent paraître bien inutiles aux maraîchers conventionnels. Leur objectif est de

---

[13] La culture professionnelle d'ortie, par exemple, est paradoxalement difficile. Autant les orties poussent bien là où elles nous gênent dans certains coins du jardin voire dans les planches cultivées, autant elles ne se laissent pas cultiver en plein champ comme des céréales ou des légumes ! La domestication des espèces, qui a abouti à nos variétés actuelles de légumes, s'est accompagnée d'une perte notable de vitalité. Sans désherbage ou paillage ou engrais vert, les plantes sauvages étouffent nos plantes domestiquées, comparativement chétives et lentes. Là où nous créons les conditions pour que nos espèces domestiquées poussent en grand nombre d'individus, ce qui n'est pas naturel, les espèces sauvages vont elles aussi se mettre à pousser en grand nombre. Donc nous devons les extirper d'une façon ou d'une autre. Encore une fois, la nature ne donne rien pour rien, comme l'écrivait Simon Stevin au 16e s. à propos des forces mécaniques.

produire, de faire du chiffre d'affaires, de « nourrir les gens » ou à tout le moins être des « chefs d'exploitations » et des « entrepreneurs ». Ils « sortent du légume ». Pour moi, désirer connaître toujours plus les plantes, la terre et la météo, est aussi important que le chiffre d'affaires à réaliser. C'est un objectif double auquel je tiens, quitte pour cela à gagner peu d'argent, à ne pas avoir droit au statut d'agriculteur (je ne suis *que* cotisant solidaire) et à essuyer des reproches de toutes sortes (« tu profites du système, tu ne cotises pas assez, tu ne brasses pas assez d'argent, tu ne fais pas vivre assez de monde, tu ne nourris pas assez les gens, etc. »). Et mon objectif est même triple, car je veux être à la fois maraîcher et écrivain.

Il ne faut pas se tromper de métier : être maraîcher, c'est aimer les plantes et la terre. Donc vouloir les connaître toujours plus et les respecter toujours plus. Ce doit être cela la priorité et non le chiffre d'affaires. Est-ce qu'un métier se définit par son chiffre d'affaires ? Quelle fierté peut avoir la personne qui se dit agricultrice mais qui ne connaît pas bien son sol et ses plantes ? Elle se ment à elle-même. Trop de personnes se lancent en agriculture biologique parce que c'est une mode ; parce qu'il y a un nouveau « marché », parce qu'il y a de la demande et donc l'espoir de se faire de l'argent facilement.

Or l'agriculture requiert de l'intelligence, car elle est un domaine d'activité *à la frontière de la société : les lois de la société viennent se heurter aux lois de la nature*. L'agriculteur est l'arbitre de ces matchs incessants ; il doit prendre part et à l'une et à l'autre, sans céder ni à l'une ni à l'autre, en respectant et l'une et l'autre. Il doit réunir et concilier les contraires.

Et non donner « l'avantage » à la société en modifiant les plantes (OGM par exemple) et les sols (labours profonds, terrassements, hors-sol, etc.), afin de faire toujours plus de chiffre d'affaires. La réunion des contraires et la recherche permanente de la « troisième voie » requiert observation et réflexion. Ce n'est pas facile, surtout quand la société ne jure que par la finance et par le monde virtuel de l'internet.

Ceux qui se lancent en agriculture biologique avec serres géantes et tracteurs et qui appellent leur exploitation « Au potager de … » sont des usurpateurs. Connaître les plantes exige du temps, ce qui est incompatible avec un planning de production quasi-industrielle. Le savoir et le savoir-faire que peuvent produire ces personnes-là est un cul-de-sac ; à part pour des améliorations des techniques existantes et des machines leur savoir-faire ne peut servir à rien d'autre. Seuls les savoir et savoir-faire d'une personne qui aime et respecte les plantes autant qu'elle aime et respecte les êtres humains, et qui prend le temps de les connaître les uns et les autres, constitue des bases pour de futures innovations de nos *façons de penser* l'agriculture. Et c'est avec nos pensées que tout démarre (penser l'agriculture en termes de chiffre d'affaires ou en termes d'amour pour les plantes et le sol).

Pourquoi fais-je toutes ces précisions sur la conscience professionnelle en agriculture. Vous me direz que c'est évident. Simplement, je milite, certes un peu tout seul dans mon coin, pour l'excellence intellectuelle en agriculture. L'agriculture, dont le maraîchage, souffre toujours d'une très mauvaise image dans la population. Les jeunes, très majoritairement, évitent le monde agricole. Le travail agricole demeure toujours, pour le grand public, un travail pénible et répétitif, que seuls les simples d'esprit peuvent supporter. Le grand public ne conçoit toujours pas que ce travail comporte une part d'intellectuel, une part de réflexion, une part de sensibilité. Même sans avoir un bac +5 comme moi, avoir des diplômes ou pas est sans importance : lisez les livres de Paul Bedel pour vous en convaincre. Il y a de l'intelligence en agriculture, bien plus que dans la finance par exemple. Rendez-vous compte : l'agriculture est l'interface entre la société et la Nature. Les complexités de deux parties viennent s'y rencontrer et s'y croiser. C'est un incroyable creuset ! C'est une incroyable source d'intuitions et d'idées ! On observe tellement ! On ressent tellement ! Le travail agricole qui respecte et la Nature et l'Humain est un travail de grande intelligence ; c'est cela qu'il faut montrer aux jeunes générations. Réjouissons-nous ! Mettons les plantes et le sol dans les rêves de la jeunesse !

Vous avez maintenant compris que, lorsque je fais l'expérience de petits moments de bonheur, inévitablement je suis catapulté peu de temps après dans la boue grise de la société. C'est que le calme du jardin est inévitablement brisé par un motard qui traverse le village à 110 km/h ou par un voisin qui sort la tronçonneuse : il n'y a pas de transition, le bruit vient déchirer les oreilles ! Alors je ne peux que me tourner vers la société avec beaucoup de misanthropie.

Le grand public ne jure que par le fric et la facilité. Par exemple, je suis déconcerté par le nombre très élevé de vendeurs et de commerçants. Notamment de vendeurs de vêtements ! Achetez un textile 1 euro, revendez-le 10 euros, voilà le métier ! C'est pareil avec les lunettes (opticiens), les médicaments (pharmaciens), les petits appareils techniques de toute sorte qui viennent de Chine. À Carentan, petit ville de campagne avec un grand taux de chômage, un ami a trois années durant cherché des jeunes pour travailler avec lui dans son exploitation agricole à taille humaine. Il n'en a trouvé aucun ; tous préfèrent toucher le RSA ou rester au chômage. Les métiers de l'agriculture souffrent d'une très mauvaise image.

Pourquoi ? Les médias (presse écrite et radio) sont toujours dans la rapidité. Les journalistes ne veulent que résumer, vite fait bien fait. Un clou chasse l'autre, vite, là trois lignes sur l'agroécologie, là trois lignes sur la vie privée du président. Demain on change de sujets… Mais expliquer les bonheurs au jardin ne se fait pas en cinq secondes. Les médias sont inadéquats pour parler du temps long et du rythme lent de l'agriculture. Voyez que ce livre est mon sixième livre sur l'agroécologie ; voyez toutes ces pages qu'il me faut pour vous relater ce que je vis au jardin. Dans le meilleur des cas, les médias initient des modes. La mode de la permaculture par exemple. Qui dit mode dit passé de mode… Le temps des plantes et de la terre est plus que jamais déphasé du temps de la société.

Donc je mets en garde contre les usurpateurs de l'agriculture biologique et des agricultures bio alternatives : leurs façons de travailler et d'informer les clients ne font que maintenir la mauvaise image de l'agriculture. Car ils disent sans cesse aux clients, pour se donner à eux-mêmes de la valeur : « oui c'est un métier dur, pénible, physique ». Cette façon de mettre en valeur l'agriculture doit être reléguée dans les tiroirs du passé.

Réjouissons-nous des défis intellectuelles, émotionnels et techniques que procure le maraîchage agroécologique et faisons-le savoir ! Ce métier, avec ses difficultés et ses joies, est une *aventure humaine*, qui dénote face à la routine débilitante de la société de consommation.

Le prix de la confiance

Dans la Drôme, à Crest, une usine à l'abandon aurait pu être rasée et devenir un lotissement. Mais son propriétaire, qui est un ingénieur à la retraite, a décidé de la louer à de jeunes entrepreneurs et à des associations. Au lieu d'encaisser le montant confortable de la vente, il leur a fait confiance. Pourquoi ? Voici son explication :

> ' Nous avons affaire à des gens qui travaillent, des gens qui ont la tête sur les épaules, tous responsables, tous pères de famille, mères de famille, des gens qui ont les pieds sur terre. '

Ces paroles peuvent-elles nous éclairer sur un certain état d'esprit propre à la France ? On dit de la France que c'est un pays qui ne sait pas évoluer. Qui s'attache à ses vieilles casseroles, parce qu'elle est convaincue que c'est dedans qu'on fait les meilleurs cuisines. Ces jeunes entrepreneurs et ces associations sont porteurs de projets innovants et risqués, voire « bobo » pour certains. Tout le contraire de vieilles casseroles. Pourtant, ce n'est pas le fond de ces projets qui a convaincu l'ancien ingénieur : c'est leur *forme*. C'est parce que ces jeunes entrepreneurs ont fondé des familles que l'ingénieur a la retraite a été convaincu de leurs projets. Donc indubitablement, en France c'est encore et toujours la famille qui est la mesure de toute chose. Fonder une famille est vu comme un gage de fiabilité, de responsabilité, de capacité. Mon modeste projet d'agriculture et d'écriture s'insère dans cette France sans correspondre du tout à son « modèle dominant » ! Et je me suis souvent demandé comment les gens pouvaient me voir. Grâce aux explications de l'ancien ingénieur, je comprends maintenant comment ma façon de travailler et de vivre peut susciter des interrogations. Les Français n'aiment rien d'autre que le conformisme, et mon projet professionnel double et mon mode de vie célibataire doit les interloquer. « Pourquoi ne fonde-t-il pas une famille comme tout le monde ? Pourquoi ne veut-il pas travailler comme tout le monde ? » Chers Français, si vous pouviez un peu aller vers les gens qui ne sont pas de votre famille ! Si vous pouviez vous renseigner un peu sur les façons de faire et de vivre hors de France ! Sortez de vos casseroles ! Vous n'avez pas l'apanage de la Vérité. Le monde ne se limite pas à ce que vous voyez et vivez chaque jour de votre vie bien réglée.

Cette tradition de la famille étant ce qu'elle est, je dois l'accepter et m'y adapter ! En partie seulement, bien sûr, car la majorité de mon être demeure tournée vers la Nature et vers les autres pays où j'ai vécu. Le mode de vie à la française n'occupe qu'un quart de mes préoccupations intellectuelles : je veux le connaître, mais pas le reproduire. Cette tradition de la famille fait que les savoir et savoir-faire que je développe ne peuvent que très modestement « rentrer » dans le monde des familles. C'est-à-dire atteindre ces parents qui travaillent beaucoup et qui s'occupent beaucoup de leur famille. Ces parents n'ont pas le temps, tout simplement, de lire le récit de mes aventures. Parce qu'ils ont les pieds bien sur terre. Ces parents constituent la classe laborieuse et travailleuse, responsable, de la France. Et toutes les critiques qui me sont faites peuvent être résumée au seul argument que je ne fais pas partie de cette classe. Je ne veux pas de famille, et je ne veux pas me consacrer corps et âme à un seul et unique métier. Et je suis heureux, quand même.

Nul doute qu'un projet agricole porté par un bon père de famille, ou par un parent seul, est mieux accepté que le mien. Mais le temps est un gâteau qui ne se partage pas : plus on se consacre à sa famille, moins on a de temps pour connaître la nature.

Il faut donc voir dans mon projet, et dans tous les projets portés par les personnes seules et originales dans mon genre, des projets non pas dilettantes, non pas superficiels, non pas « la tête dans les nuages », comme le penserait le propriétaire de l'usine, mais des projets simplement *différents*. Voire complémentaires. Seul, tout dévoué au travail de culture et de réflexion, le chiffre d'affaires n'étant pas ma quête du Saint Graal, je peux me permettre d'explorer des voies techniques, des émotions et des réflexions qu'un maraîcher bon père de famille ne pourrait pas. Pourquoi refuserait-on de facto la confiance aux célibataires ?

La frilosité des Français face à toute casserole nouvelle est bien réelle : que de gens bien formés ont quitté la France pour pouvoir créer leur entreprise ! C'est une réalité. Les Français ne doivent pas penser que, maintenant qu'ils ont un président moderne tout beau tout neuf, ils sont eux aussi devenus modernes et ouverts d'esprit. Ce n'est pas aussi facile ! Il faudra plusieurs générations avant que la mentalité française ne s'ouvre à la diversité. Et il n'est pas certain qu'elle y parvienne jamais : on voit que dans certains pays européens, des reculs sociaux et démocratiques sont en cours. Les forces conservatrices sont puissantes, qui s'opposent au changement. À défaut de susciter la confiance, j'ai confiance en moi, dans mes techniques de culture et dans ce que je ressens.

Bon, il faut savoir ne pas s'arrêter sur de telles réflexions ! Au jardin, par la fenêtre je vois que le soleil brille et que le vent est bien agréable. Les plantes s'enracinent doucement et font de belles petites feuilles vertes et tendres. Les tracas de la société ne les influencent nullement.

LE JARDIN REND TON CERVEAU SAIN

Je suis persuadé que passer du temps au-dehors, au contact des plantes, des animaux et des éléments, est bon pour le cerveau. Le cerveau se trouve stimulé comme il se doit, conformément à des millions d'années d'évolution, depuis que nos très lointains ancêtres ont commencé à marcher. Une vie excessivement citadine n'est pas bonne, du moins elle produit parfois des monstres, dont les vagues médiatiques parviennent jusqu'au jardin.

Un de ces monstres est peut-être le docteur Michel Ko... Il est chercheur en psychologie et « big data » (appellation qui regroupe toutes les données personnelles que nous laissons, volontairement ou non, sur internet) et il travaille à la Stanford

Graduate School of Business. Il étudie comment notre vie virtuelle sur les réseaux sociaux et sur toute autre forme de site internet, peut être utilisée comme un miroir de notre psychologie. Un peu de la même façon qu'il est possible de deviner la personnalité d'un individu en auscultant les tickets de restaurant, de station essence, de librairie, etc. qu'il laisse derrière lui. Le nom de l'école où il mène ses recherches et où il enseigne ne laisse aucun doute planer : le chercheur met les résultats de ses recherches en psychologie au service des entreprises. Il s'agit de *faire du business amélioré grâce à la prise en compte de la psychologie*. L'honnêteté intellectuelle d'une telle démarche est douteuse, mais passons, car il y a plus grave. Bien sûr, je fais là une incursion dans les bas-fonds de la société pour revenir ensuite au jardin pour mieux en discerner les bienfaits. Ko… étudie plus particulièrement Facebook, un réseau virtuel comptant deux milliards de membres. Il y recense les clics de souris positifs (le « like », une sorte de bouton qu'on active pour signifier qu'on aime une photo ou un texte ou un site internet mis en avant par un membre du réseau). Il a démontré qu'à partir des seuls « like » d'un utilisateur de Facebook, sa personnalité se laisse particulièrement bien déduire. Il affirme qu'à partir de 50 « like », lui – ou Facebook ou toute entreprise autorisée par Facebook à récolter toutes les données personnelles et actions des membres du réseau – connaît mieux la personnalité de l'utilisateur que ses amis réels. Avec 100 « like » la personnalité est mieux connue qu'un membre de la famille ne pourrait le faire. Avec 200 « like », la personnalité est mieux connue que par la personne la plus intime. Le chercheur est en mesure de faire ces affirmations, parce que ce sont des millions d'utilisateurs qui ont été étudiés, ce qui représente des milliards de données personnelles qui ont été croisées avec les éléments « like » (photo, articles, sites internet, musique, etc.) et entre elles. Ainsi, des taux de corrélation entre les « like » ont pu être établis, de sorte que par exemple si vous faite des « like » sur des photos d'un groupe de rock, à 60 % vous ferez aussi des « like » à propos d'articles sur la bière. Bref vous buvez de la bière. Évidemment, la collecte de données personnelles sur une telle échelle est d'une honnêteté intellectuelle douteuse. Et même malhonnête, car ce chercheur est impliqué dans l'utilisation de ces données à des fins politiques (scandale Cambridge Analytica – Facebook – Donald Trump), données qui ont été tout simplement volées à l'insu des utilisateurs de Facebook et d'autres sites internet et réseaux sociaux d'internet, afin de leur envoyer des messages politiques !

Bref, voilà où mène toute la débauche de technique informatique et de psychologie que nous avons aujourd'hui à notre disposition. Nous avons créé des ordinateurs équipés de programmes qui enregistrent la moindre action de chaque personne qui se connecte sur internet (pour acheter des livres, lire des journaux en ligne, échanger par e-mail avec amis et famille, pour regarder des vidéos, etc.) Et ces données sont triées afin de nous envoyer de la publicité ciblée (sur ce que nous aimons et sur ce que nous serions susceptibles d'aimer selon les prédictions des taux de corrélation de « like »). Voilà où mènent les 200 dernières années de développement intellectuel. C'est beau, n'est-ce pas ? Mais non, c'est un gâchis incroyable ! Un gâchis de moyens et d'énergie immense ! Et, pour le dire sans détour, c'est un signe de dégénérescence, de dégénérescence morale et intellectuelle. Pour ce chercheur et pour cette école de business où il enseigne, la vie humaine se résume à ça. Ils pensent qu'en regardant la vie humaine sous cet angle, ils vont pouvoir améliorer l'économie. Cette *pseudo-science psychologique* est une forme d'espionnage systématique de tous les individus. Qui peut penser améliorer le monde de cette façon-là ? Uniquement les dictateurs. Ou les fous. Cette école, c'est une école de fous et de mégalomanes.

Ouf, quelle joie de revenir au jardin ! Le jardin pourrait-il, comme le fait la société de consommation, engendrer une telle maladie mentale ? Engendrer de tels monstres au cerveau difforme ? Non, c'est impossible. Par définition il est impossible de contrôler entièrement la nature. Donc l'espionner tout le temps et dans ses moindres recoins est inutile. Ko… et ses semblables, eux, veulent contrôler entièrement l'être humain. Hélas, ils le pourront si on les laisse faire et si l'éducation scolaire dans un état de droit laisse la porte ouverte à de telle dérives morales. La Nature ne laisse pas la porte ouverte à de tels désirs de toute-puissance – mais vivre totalement coupé de la Nature conduit à de tels désirs.

Ce que je réprouve le plus, ce qui m'a à la fois choqué et énervé, c'est d'entendre ce chercheur affirmer, avec tout l'aplomb que lui confère son statut de scientifique reconnu par ses pairs, que l'ordinateur, via vos « like » vous connaît mieux qu'un être humain ne le peut. Quelle arrogance dans ces propos ! Voilà un homme qui réduit l'humain à son activité sur ordinateur, et qui affirme que l'ordinateur vous connaît mieux que votre femme, mari ou mère ou père. Notez bien ceci : il dit cela comme si c'était une évidence. Pour lui c'est un fait. Il ne faut pas le croire. Ce genre de propos n'est pas neutre, n'est pas objectif (comme se doit de l'être une véritable étude scientifique). Ce sont des propos manipulatoires. Parce que lui-même ne vit que pour internet – et pour le business. Quand il affirme cela de cette façon-là, il le fait à dessein : parce que cela vous prépare. Entendre ou lire ces propos vous rend accueillant pour les opérations commerciales à venir. Quand il affirme cela, il travaille en fait pour des entreprises. Il vous met dans un certain état d'esprit, un état d'acceptation : « Oui, en effet, il est possible que notre ordinateur en sache plus sur nous-même que notre femme, parce que je ne dis pas tout à ma femme ». Voilà, vous avez pensé dans son sens. Et dans la foulée, telle ou telle marque d'ordinateur annonce son nouveau modèle avec de nouvelles fonctions pour vous accompagner encore plus dans votre vie… Quelle rouerie ! C'est là un phénomène vraiment malsain, qui met la société sur une pente délétère. En plus, pour vous faire avaler la pilule, ce chercheur de 35 ans a l'air sympathique, timide, inoffensif, et cool aussi. Comme Marc Zuckerberg, le PDG fondateur de Facebook, en jeans et t-shirt : il a l'air tout gentil. Alors qu'il ne pense qu'aux moyens d'accroître sa fortune personnelle en utilisant vos données personnelles. C'est du mensonge, c'est la forme moderne du mensonge : j'ai l'air cool et avenant, et je te propose de la liberté sans limite et sans payer (mais je vais t'encu… et te soumettre). Car la collecte systématique des données personnelles, comme l'espionnage, a pour finalité de contraindre les individus tôt ou tard[14].

---

14 Je rajoute que ce domaine « scientifique » de la psychologie est utilisé pour alimenter les recherches en intelligence artificielle (IA). Par la suite, Ko… et ses amis transhumanistes espèrent que des IA se chargeront toutes seules de monitorer les actions et les comportements de tous les individus, pour les amener à faire ceci ou cela. Parce qu'ils pensent que ce sera bon pour le business. Ou bien que des États voudraient utiliser ces technologies pour contrôler leur peuple sans avoir à utiliser des forces de police et d'espionnage conventionnel. Ou couplant

Dans le jardin, le mensonge est inefficace. Il n'existe pas. On ne peut pas mentir à la nature. Et elle-même ne ment pas. Et la nature ne veut pas nous soumettre ; elle n'aspire pas à nous voir soumis et craintifs. *Notre pire ennemi est nous-même, et nous sommes méchants et bêtes d'autant plus que nous nous éloignons de la nature.* Réjouissons-nous de pouvoir chaque jour regarder la terre et les plantes ! Ainsi nous évitons la dégénérescence mentale et nous fortifions notre honnêteté.

Notre identité au jardin

En société, nous nous construisons une *identité* : identité de genre, de statut social, de compétences, de préférences sportives, de positionnement politique, de famille, etc. Chacun de nous ne peut que développer une identité, pour le pire ou pour le meilleur. Même les personnes affligées de troubles psychiques ont une personnalité, dérangée certes, ou partielle, mais ils en ont une. Dont ils ont plus ou moins conscience, certes. Ce qui est certain est que la perte de notre identité signe la fin de notre vie en société ; et quand cela ne coïncide pas avec la mort, alors nous devenons des « morts-vivants ». La maladie d'Alzheimer, par exemple, est le début d'une vie sans identité.

Mais face à la Nature, quelle identité pouvons-nous nous construire ?

---

ces systèmes de contrôle avec les IA en charge de la production alimentaire… Ou comment la bêtise humaine se déploie dans toute sa splendeur : le mal commence à tracer son chemin. Sachons-le.

Musclé ou chétif, grand ou petit, indigent ou intelligent, perspicace ou naïf, observateur ou non, persévérant ou lâche, travailleur ou fainéant, engagé ou indifférent : toutes ces dispositions sont de prime importance en société. Mais en face de la Nature ?

La société nous tend en permanence un miroir, afin que nous nous voyions comme les autres personnes nous voient. Avec le regard des autres, nous construisons notre identité. Mais la Nature ne nous tend jamais de miroir[15]. En société, certaines personnes sont tellement accoutumées à ce miroir qu'elles ne vivent plus que pour leur apparence : elles veulent constamment donner d'elles-mêmes une certaine image (de richesse matérielle, de statut social, de professionnalisme, etc.) Au point de n'être plus que des formes sans substance. Au point de sombrer dans la folie[16].

Avec la Nature, quelle importance a ce que nous sommes ? Ce que nous étions ? Ce que nous serons ? Quelle importance a l'image que nous donnons de nous-même ? Fausse question : avec la Nature, nous ne produisons aucune image qu'elle puisse nous renvoyer. Donc avec quoi construire notre identité ? Quand nous sourions de travers, quand nous louangeons, quand nous admonestons, quand nous réprimons, quand nous désirons, quand nous ne voulons pas… Quoi que nous pen-

---

15 L'absence d'effet miroir a des conséquences importantes dans notre façon de prendre en compte la nature et de la protéger. J'ai expliqué tout cela dans mon livre *NAGESI*.

16 Ainsi Patrick Burensteinas racontait avoir aidé une femme à éviter le suicide, parce qu'elle n'acceptait plus que son mari ne lui donne que 10 000 € par mois… Patrick BURENSTEINAS, *Un alchimiste raconte*, J'ai Lu, 2018.

sions et fassions, la Nature ne nous renvoie pas notre image. Alors si nous ne nous voyons pas, comment construire notre identité ? Voire : peut-on seulement avoir une identité ?

Voilà des questions profondes en face desquelles mon jardin m'a amené. Voilà mon jardin qui m'a amené « tout en bas de moi-même ». Je ne les prends pas à la légère : car dans les peuples « premiers », la notion d'individu n'existe pas. Le « je » du langage n'existe pas. Le peuple, le clan, le groupe, se pense comme une unité indivisible qui toute entière joue un rôle dans la nature, au même titre qu'un animal ou une plante. Dans cette vision première, c'est l'espèce humaine dans son ensemble qui possède une identité, et non les individus – si j'ai bien compris. Les personnes, dans ces sociétés, se pensent en tant que partie de l'humanité, en tant qu'un organe ou un autre de l'humanité. Elles font ce que cet organe doit faire pour que l'humanité dans son ensemble se comporte comme il faut dans la Nature. Pour qu'elle la respecte. L'identité individuelle ne fait guère de sens dans ces sociétés.

L'identité individuelle à laquelle nous sommes aujourd'hui accoutumés, dans notre société occidentale de consommation de masse, est une notion, est un archétype, qui n'a peut-être pas toujours existé. Voilà ce que la Nature nous dit ! Impassible Nature, pour qui toutes nos constructions, même les plus évidentes et les plus fondamentales, ne relèvent pas du tout de l'absolu. Notre identité est relative ! Maman Nature, pourquoi nous enlèves-tu notre rêve d'êtres absolus, qui pourraient exister tout seul sans l'aide de personne et surtout sans dépendre de la Nature ?

Nous pouvons certes voir ce que nous faisons subir à la nature, et nous pouvons en voir les conséquences. Ou nous pouvons décider de ne pas les voir. Mais quelle importance que nous les voyions ou non ? Même si nous devons ruiner la biosphère au point de détruire notre propre espèce, la Nature continuera à exister après nous. La Nature ne nous attend pas. Heureusement. Sinon elle aurait cessé d'exister quand nous commettions les crimes atroces des guerres et de l'esclavage et d'autres abominations en nombre infini. L'Univers avance, avec ou sans nous. Que nous soyons idiots ou intelligents, gentils ou méchants.

À priori, j'ai toujours pensé que la Nature nous autorise plus de liberté que la société. En société, la moindre activité est régie par les lois et les coutumes. Soit vous agissez dans la norme, soit vous agissez avec fantaisie, soit vous êtes fou. Face à la Nature, seules nos connaissances de ses lois et notre inventivité technique nous déterminent ; point de norme, de fantaisie, de folie. En société, la liste des codes explicites et implicites est sans fin. Donc je dois vous confirmer ma pensée : que la Nature nous donne un sentiment de plus grande liberté vis-à-vis des lois de la société. Face à la Nature, on peut se comporter comme il ne serait pas permis de se comporter en société. Qu'on entrave ses lois et la Nature ne nous punira pas (directement du moins). Qu'on refuse de payer la TVA et on nous met en prison. Mais la Nature, en fait, nous impose aussi ses lois. Donc inversement, en société, on se sent plus libres des lois de la Nature. Le sentiment de liberté nous vient de ce que nous constatons que les lois d'un ordre perdent leur valeur dans un autre ordre, et donc que nous pouvons entraver les lois d'un ordre quand nous passons dans un autre ordre. Dans la Nature on se sent libéré des lois de la société ; dans la société on se sent libéré des lois de la Nature.

Qu'est-ce qui est libérateur ? C'est le passage.

Mais restons sur la question de l'identité. L'identité dans la Nature se résume-t-elle à ce qui nous permet de survivre : connaître ses lois et être créatifs techniquement, comme je le précisais plus haut ? Pas de liberté, mais un destin d'observation et d'imagination ? Celui qui n'a de cesse d'observer et d'inventer, vis-à-vis de la Nature, n'aurait aucune identité ? Dans la Nature, j'observe, je ressens et j'invente, donc je suis ? Fausse question : car ces valeurs d'observation, de ressenti et d'inventivité valent pour toute être humain. Devant la Nature nous sommes tous égaux.

Tous égaux. Donc sans identité individuelle.

La Nature est universelle. Face à l'universel, la question de l'identité est alors posée. Face à l'universel et au tout, en quoi un individu qui a une identité, c'est-à-dire qui est unique, est-il d'une quelconque importance ? Nous aimons penser que nous sommes des êtres uniques.

Peut-être sommes-nous revenus à la question cachée du départ ? C'est-à-dire, vous et moi cher lecteur, pensons-nous avoir acquis une certaine identité parce que nous nous intéressons à la Nature ? Parce que les rustres, qui sont la majorité, ne s'intéressent pas à la Nature. Je m'intéresse à la Nature, donc je suis. Unique. Profitons-en pour extirper cet ulcère commercial : toute cette communication qui laisse entendre que les personnes qui respectent la Nature sont des personnes uniques. « Vous qui vous intéressez à la Nature, vous êtes de bonnes personnes » : telle est la quintessence de la communication faite par toutes les entreprises qui vendent du bio. Bof ! Je doute que ce soit parce qu'on aime la Nature que l'on serait différent de ceux qui l'ignorent. Nous serions de meilleurs êtres humains parce que nous aurions une meilleure conscience des conséquences de nos actes sur la Nature et donc sur nos capacités de survie en tant qu'espèce. Et cette conscience ferait que nous aurions une personnalité « saine » et équilibrée. Je ne peux pas croire cela. Parce que nous venons de la Nature. Nous avons émergé d'elle, et pourtant nous ne sommes pas restés proches d'elle. Nous avons eu à cœur de la détruire pour satisfaire nos petits besoins en société. Donc la Nature, par elle-même, ne peut pas être la source de notre amour pour la Nature. Nous sommes nés de la Nature, en tant qu'espèce, avec une propension certaine à détruire ce qui nous entoure. En général, qui dit vie au contact de la Nature dit amour de la Nature dit que l'amour de la Nature serait une part de notre identité. Avec la Nature, nous nous construirions une identité basée sur le respect et l'amour de la Nature.

Je n'y crois pas. Ce n'est pas si simple. Parce que la Nature ne nous impose rien, hormis ses lois. Plus précisément, elle n'attend rien de nous. Elle n'attend pas que nous l'aimions et la respections. La Nature est tout à fait muette. Elle nous laisse dans une liberté immense. Une liberté que parfois on pourrait souhaiter plus restreinte. « Si la Nature réagissait distinctement à nos actions, au moins saurions-nous quoi faire ! » : vaine lamentation. Nous détruisons à tour de bras forêts et océans ; que ce serait bien si la Nature nous mettait une bonne claque et nous disait que maintenant c'est fini, ces enfantillages ! Mais non, aucune main végétale ou minérale ne s'élève dans le ciel pour nous en coller une.

Vous voyez qu'en réfléchissant de la sorte, la question de notre identité dans la Nature reste ouverte de façon très insatisfaisante. Faut-il rajouter la fraternité dans l'équation ? C'est-à-dire l'empathie envers les plantes et les animaux, qui seraient nos égaux ? Bref, si on aime notre jardin, avec ses plantes et ses animaux, cela nous confère plus de personnalité ? Plus d'identité ? Là encore, heureusement pour nos plantes qu'elles poussent même si nous ne les aimons pas. Car imaginez que vous soyez un jour en colère : cela ruinerait toutes vos récoltes ! Ou bien imaginez l'inverse : si notre moral, si notre vitalité, si notre volonté de vivre, dépendaient des espèces de plantes et d'animaux qui nous entourent. Une rose vous rendrait joyeux, ou un pied de tomate, et un chardon ou un artichaut vous rendraient triste. Le liseron vous donnerait envie de vous pendre. Non, heureusement qu'il n'existe aucune transmission émotionnelle entre la Nature et nous, ni dans un sens ni dans l'autre.

Et grâce à cela, nous sommes libres de penser sans entrave. Et nous demeurons libres de nos émotions[17]. La liberté est une

---

17 Je sais que beaucoup croient à l'influence de notre état d'esprit sur les plantes. Moi-même je pense qu'il y a trop d'espaces naturels qui ne sont pas aimés, ou auxquels on n'accorde même pas une seconde de pensée. Est-ce que la Nature qu'on ignore vit plus mal que celle qu'on chérit ? J'espère que non. Déjà qu'elle pâtit qu'on la maltraite avec les pesticides ou à coup de bulldozer, alors si en plus notre absence de pensées vers elle lui était nuisible... 99 % de la vie sur Terre serait morte. Et nous avec par la suite.

partie de notre identité ! La liberté ne nous est pas donnée : elle s'acquiert par la volonté d'observer, de ressentir et de réfléchir face à ce que la Nature nous montre d'elle. Voilà une partie de la réponse à la question de notre identité face à la Nature. Et peut-être trouverons-nous, à un moment de notre quête, que notre être relève d'une certaine catégorie de l'existence. De ces catégories qui faisaient les peuples premiers...

Cherchons, cherchons sans cesse d'autres formes de réponse à notre identité ! C'est une bonne chose que ce questionnement fondamental et incessant : ainsi nos pauvres cerveaux ont toujours « grain à moudre » et évitent d'aduler les travers et les artifices de la société de consommation.

Vertu et travail

En travaillant chaque jour au jardin, il me paraît de plus en plus évident que le jardin est un maître. Avec lui j'apprends à faire les bons gestes, c'est-à-dire à adapter la finesse de ma technique à la finesse de l'objectif recherché et à ne rien faire d'inutile. C'est la recherche de la parcimonie (qui est la combinaison de la simplicité, de l'efficacité et de l'élégance). J'apprends à être sensible : sensible envers l'état de la terre et envers l'état des plantes. Sensible à la qualité de l'air (vent, hygrométrie, température, odeurs, « poids »). Et le jardin me fournit d'innombrables sujets de réflexion. Je crois que la combinaison de ces « enseignements » manuels et intellectuels fait de moi une meilleure personne – du moins je l'espère. Et je m'en réjouis ! C'est précisément ce à quoi j'aspirais quand je projetais de changer de vie, de quitter le travail en laboratoire et la ville, il y a huit ans de cela.

Mais quand je sors du jardin, quand je retourne dans la société, il n'est pas toujours avantageux d'être une « bonne » personne. Quand je compare mes revenus à ceux des professions « qui gagnent », il ne fait aucun doute que je sois un perdant. Je rencontre plus de difficultés dans la société que eux n'en rencontrent. Parce que j'ai peu de revenus, tout m'est, proportionnellement, plus cher. Obtenir une vignette de vente pour ma balance me coûte toutes les ventes d'un marché. Idem pour le contrôle technique de mon véhicule.

Je regrette qu'en société tant de personnes ne vivent que pour l'apparence, donc pour l'argent. Mais c'est ainsi. Par contre, j'éprouve plus que des regrets envers ces professions que la loi rend obligatoires. Je pense ici aux personnes qui délivrent des agréments et tout autres formes d'autorisations légales. Voilà des *professions qui s'enrichissent parce que la loi fait de leurs services une obligation*. Quelle malhonnêteté incroyable. De la part du législateur et de la part de ces professions. L'honnêteté voudrait que ces professions ne soient pas lucratives. Ainsi, pour l'homologation des balances, qui est obligatoire pour les balances commerciales, l'entreprise qui effectue l'homologation vend aussi des balances. Elle est donc à la fois juge et partie, ce qu'une loi conçue avec honnêteté ne devrait pas autoriser. Et, chose curieuse, il est interdit d'assister à la procédure de calibrage. Il faut « faire confiance » au technicien assermenté. À 480 € TTC de l'heure de travail du technicien, la confiance n'est plus de mise... Ça sent l'arnaque.

Le jardin est un maître dur, mais il est cohérent. Les lois de la société, comme nous le savons tous, tant les exemples abondent, ne sont pas cohérentes. Certaines professions, certaines personnes, se trouvent favorisées au détriment d'autres. C'est ainsi ! La vertu est souvent malheureuse. Je suis tout à fait en phase avec la misanthropie de Nietzsche.

Ce qui est important, c'est que ce manque de vertu en société ne contamine pas les pensées et les émotions du jardinier. La mesquinerie des personnes qui veulent gagner plus que les autres en faisant moins d'efforts, n'a pas sa place au jardin ; en fait elle ne peut même pas exister au jardin. En société, le fainéant peut vivre comme Crésus. Et il peut avoir les honneurs. Mais au jardin, le fainéant ne peut pas être récompensé. La Nature ne donne rien pour rien, et les lois de la Nature ne privilégient personne.

D'un côté, au jardin on apprend et on s'épanouit grâce à la cohérence du « maître ». De l'autre côté, dans la société ce sont les injustices, les incohérences, les faiblesses, la cohabitation du vice et de la vertu, qui nous enseignent la vie.

La société, et toutes ces personnes qui pensent que c'est bien de gagner beaucoup d'argent sans faire d'effort, ne reconnaissent qu'une seule unité de mesure : l'argent. Toujours l'argent. Ainsi l'exemple précédent de l'autorisation d'utiliser une balance commerciale : j'ai dû payer pour être en conformité avec la loi. Et le comble : sur cette mise en conformité j'ai dû payer ... la TVA ! La loi, cette ligne de base qui sert à séparer l'honnêteté de la malhonnêteté, est donc mesurée en euros. Que cela est *intellectuellement faible* ! Toutes les sophistications techniques et tout l'argent du monde ne peuvent empêcher qu'une personne soit malhonnête si elle en a le projet et les moyens. On ne résout pas un problème d'ordre moral (la malhonnêteté d'un vendeur qui trafique sa balance par exemple) par une solution d'ordre technique ou monétaire, ou les deux à la fois.

Transposons en pensée tout cela au jardin : la malhonnêteté est impossible, car il est impossible de modifier les lois de la nature ou de s'y soustraire. Et il ne sert à rien de payer, en offrandes, la Nature pour que ses lois nous soient favorables, ou pour qu'elle nous laisse cultiver en paix (sans ravageur, sans maladie, sans tempête, etc.). Quand on cultive avec des engrais chimiques, la plante pousse et le fruit grossit. Nous savons pourquoi et la plante sait pourquoi : parce qu'il y rétention d'eau. Le mensonge est ce qui permet de passer du champ à l'étal du vendeur : le vendeur qui dit au client que « ses » fruits sont gros, beaux, bons et pas chers. Le pas du mensonge.

Bref, la société basée sur l'argent est mono-factorielle, donc simpliste. Une telle société n'est qu'un système de contrôle de la majorité des individus par certains individus, via l'inculcation à tous, dès le plus jeune âge, que la valeur de l'argent doit être respectée. Même le respect de la loi se fait en donnant de l'argent au fisc et à toutes les professions obligatoires. Donc vous vous retrouvez dans un système où la valeur de ce que vous mangez peut être comparée à la valeur d'une brique, par exemple. Et dans ce système, la valeur d'un légume que je vends, ici en France, est vingt fois plus élevée que celle du même légume vendu en Birmanie, par exemple. L'argent est tellement « ancré » dans nos têtes qu'on compare toute chose non entre elles directement, mais par le biais de l'argent ! Pourtant il faut bannir ces pensées au jardin. Et il faut dire et redire aux personnes enfermées dans la société que l'argent n'a pas partout de valeur. Pour la Nature, l'argent ne représente rien. *Rien du tout.* Le meilleur exemple est de faire soi-même les graines. On laisse pousser des plants, qui deviennent des porte-graines. On ramasse les graines, on les trie, on les stocke et on les utilise au printemps suivant. Quel pied-de-nez incroyable au capitalisme !

Autre exemple : je vends de la rhubarbe à 2 €/kg. Dans les magasins Bioc…, la même rhubarbe est vendue près de 5 €\ kg. Laquelle a plus de valeur ? Et qui peut penser, sinon l'idiot du village, que le labeur du vendeur pour réceptionner la rhubarbe et la poser sur son étal, est plus intense que mon labeur pour prendre soin de la terre toute l'année durant et faire la récolte ? Et ici, je ne veux même pas parler du label bio, un label de confiance pour lequel il faut… payer. Le producteur et le consommateur paient l'organisme certificateur. On paie donc pour la confiance, mais c'est faire là une terrible erreur intellectuelle ! La confiance, par définition, ne peut pas s'acheter.

Heureusement, il existe une certaine justice. L'histoire nous enseigne que tous les systèmes monétaires se sont effondrés. Que toutes les formes d'argent, aussi adulées furent-elles, ont perdu toute valeur. Mais la Nature, le jardin, le champ, sont restés. À moins de tuer ou de chasser les agriculteurs, ils ne disparaissent pas.

Notre monnaie, l'euro, le dollar et les autres monnaies d'importance mondiale, disparaîtront bientôt. J'espère qu'à ce moment, les peuples du monde entier seront assez humanistes pour ne pas recommencer une fois encore à s'organiser via le seul argent. J'espère que les peuples refuseront le système monétaire qu'une minorité aristocratique voudra leur imposer. Comment peut-on croire qu'une société qui mesure tout à l'aune de l'argent puisse générer des gens intelligents ? Elle ne peut que mener à de graves régressions. On ne peut pas croire que la société basée sur l'argent est le summum indépassable des réalisations de notre espèce : le jardin, et la Nature, nous enseignent trop de choses pour qu'ensuite on se *restreigne* à vivre selon les cours de la bourse de New York. Ce n'est pas possible.

Réjouissons-nous que le jardin nous fasse entrevoir, sur la base des capacités techniques, sentimentales et intellectuelles qu'il nous permet d'acquérir, un futur plus diversifié, plus grand et plus joyeux que la social-démocratie capitaliste. Un futur sans argent. Merci jardin !

Le terrible doute et l'exploration spatiale

Hier soir, j'ai ramassé plein de limaces, que j'ai conservées dans un récipient fermé, afin de les donner à mes poules le lendemain. Mais le renard en a décidé autrement. Le renard, ou les renards, a tué mes quatre poules cette nuit. Triste constat du petit matin, alors que le soleil se lève dans un beau ciel bleu et que les petits oiseaux chantent. L'animal en a enterré deux sur place, avec l'idée de venir les chercher cette nuit. Je ne lui ai pas accordé ce plaisir : les poules, délestées de leurs têtes par le tueur, ont fini à la poubelle.

C'est la seconde fois que le renard mange mes poules cette année. Les trois années passées, il ne m'en avait pris aucune. Les voisins ont arrêté de faire des poules, lassés de les voir disparaître... Je dois dire, en toute honnêteté, que c'est ma faute. Hier soir, par fainéantise, je n'avais pas fermé le poulailler ! D'habitude je le fais vers 22h30, quand les poules y sont rentrées d'elles-mêmes. Oui, j'étais bien aimable d'attendre qu'elles rentrent quand il leur plaît. Car ces mesdames ne voulaient jamais y rentrer et il me fallait leur courir après pour les attraper et les y mettre de force. Ce « cirque » me lassait et je m'étais contraint à attendre qu'elles rentrent à leur guise. Mais la Nature a immédiatement sanctionné ma fainéantise. Le renard rodait.

La Nature est un maître, mais un maître impitoyable. Toute erreur, toute faiblesse, toute ignorance, est sanctionnée par la mort. Le faible meurt. Dans ce cas, c'est la poule qui a payé ma fainéantise avec sa vie. La Nature donne, la Nature reprend. Tout animal carnivore tue pour vivre. La vie exige la mort. La mort nourrit la vie.

On s'habitue, à force de vivre au plus près de la Nature, à *l'importance toute relative de la vie*. C'est l'ephexis. On peut se réjouir quand une poule nous donne un œuf. Et être triste quand la poule est dévorée par le renard. Mais on peut aussi cesser d'avoir ces émotions. Si nous laissons la Nature déterminer nos émotions, nous perdons notre libre-arbitre. Nous perdons notre... humanité. Pourquoi s'appesantir sur ces émotions ? Quittant ma vie de citadin, j'étais très sensible à toutes les émotions que la Nature suscite. Oh la belle herbe ! Oh la belle terre ! Oh les petits campagnols tout mignons ! Mais avec le temps, j'ai compris qu'il ne faut pas trop se lier à la Nature. Que d'elle ne vient pas que du bien.

Pourtant, quand on est romantique on veut croire à la bonté de la Nature ! On veut croire qu'il est possible de vivre en équilibre et en harmonie avec Elle, parce qu'on veut croire que la Nature est équilibrée et harmonieuse. Et d'un autre côté, quand on est matérialiste, on n'accorde aucun intérêt à ce genre de croyance. Quand on est matérialiste, la vie n'a aucun sens, l'émotion n'a aucune utilité. L'amour n'existe que des parents vers les enfants – ce qui dans le règne animal est un cas particulier, la progéniture venant au monde sans les soins des géniteurs. Dans la Nature, la mort est nécessaire à la vie.

D'où le terrible doute : pourquoi vouloir respecter la Nature, alors que la Nature elle-même ne montre aucun respect ? Alors que dans la Nature l'empathie est une illusion. Et même si on sait cela, on veut rêver d'une Nature avec laquelle nous vivrions en harmonie. Pourquoi faire l'effort de l'agroécologie, en se targuant de respecter la Nature, alors que cette Nature n'a cure de notre existence ? Alors que nous ne prenons soin de notre environnement que dans le but matérialiste de survivre ? Quelle direction prendre ? Ouvrir son cœur ou fermer son cœur ? Que croire ? La Nature reste muette ; nous reste le doute.

Par un curieux jeu de miroir inversé, la Nature nous montre ce que nous ne sommes pas : nous ne sommes pas des êtres empathiques. Nous avons de l'empathie pour quelques membres de notre famille et pour nos amis, mais pas plus. Un voisin qui meurt, un autre voisin qui souffre à l'hôpital, un chauffard qui tue un enfant du village, des milliers de migrants qui se noient près des côtes de notre pays… tout cela ne nous émeut pas. Au mieux tout cela nous émeut quelques minutes, puis on pense à autre chose et on reprend le cours de notre vie quotidienne. La Nature, dont nous avons émergé, ne nous a pas dotés d'une empathie pour tous les êtres vivants. Heureusement, sinon nous serions prostrés par tant de souffrance, chaque minute, chaque heure, chaque jour, tous les jours de l'année. La Nature est à la fois bruits subtils et enjoués et bruits de mort et de souffrance.

Voilà une part de notre identité. De notre humanité. Nous sommes en grande partie insensibles, pour notre bien. Ne le nions pas. Nous ne pouvons pas être sensibles à tout, comme nous ne pouvons pas être sensibles à rien. Le curseur est quelque part entre ces deux pôles. Et je pense qu'il est plus près du pôle de l'insensibilité.

Mais si nous nous affranchissions de cette Nature, peut-être que notre humanité pourrait se modifier ? La société, déjà, nous libère en partie de ces fatales lois de la Nature qui font coexister vie et mort, croissance et dégénérescence. Quittons notre planète et nous en serons encore plus libérés ? Faisons en sorte que le transhumanisme se développe, et nous en serons encore plus libérés ? Car nous aurons extirpé certains des morceaux de nature qui sont en nous. En coupant totalement les ponts avec la nature, ne deviendrions-nous pas entièrement libres de nos émotions ?

La Nature est le creuset de souffrance dans lequel nous sommes nés. Je ne suis pas favorable au transhumanisme. Mais le transhumanisme est possible, et il peut amener l'humanité sur un autre plan. Un autre plan que celui de la Nature, où vie et mort, tristesse et joie, construction et destruction, sont la règle. Le plan de la Nature nous a engendrés, mais nous ne sommes pas « parfaits ». Elle nous a engendrés adaptés à elle, tout simplement. Dans mille ans, nous aurons toujours des pulsions de violence, d'égoïsme et de hiérarchie : la Nature a inscrit cela dans nos gènes. Si nous nous détachons d'Elle, alors une autre humanité adviendra peut-être. Une humanité où l'empathie globale sera peut-être possible. Cette nouvelle humanité aura aussi des défauts, des tares, des limites, comme nous avons les nôtres aujourd'hui, c'est certain[18]. J'espère simplement que cette nouvelle humanité ne voudra pas exterminer la première ; j'espère que la cohabitation sera possible.

Réjouissons-nous : la Nature n'est pas notre Dieu ! Apprenons tout ce que le jardin peut nous enseigner, et allons explorer d'autres lieux et d'autres planètes. Le jardin est un maître qui nous fait évoluer, qui nous fait nous épanouir. Un jour, c'est certain, le jardin sera trop petit pour nous. Alors le cosmos nous ouvrira ses portes... Les enseignements de la Nature, du jardin, nous amèneraient au perfectionnement dans cette direction. Ressentir la terre, les plantes, puis les rivières et les montagnes[19].

---

18 Peut-être que nous deviendrons des « borgs », comme dans Star Trek ?

19 Puis ressentir ces aspects du cosmos qui pénètrent notre environnement (influence de la lune sur les cultures et les animaux, étoiles, aurores boréales...). Et une fois que nous les ressentirons et que nous les aurons compris, notre esprit

Le jardin serait le maître d'une troisième voie, entre d'un côté la voie des comportements dictés par la Nature via nos gènes et notre structure sociale, et de l'autre côté la voie du transhumanisme. Dans cette troisième voie, l'exploration spatiale ne nous deviendrait possible qu'une fois un certain stade évolutif atteint. Qu'est-ce qui est préférable : que nous partions coloniser l'espace

- en tant qu'Homo sapiens rudimentaire gouverné par nos gènes et nos hormones ?
- en tant que transhumain hybride d'électronique, de mécanique et de biologie ?
- en tant qu'humain « évolué » suite à un long processus de raffinement au contact de la Nature ?

Vous aurez compris que, même si le troisième scénario est mon favori, mon opinion passe de l'un à l'autre selon les épreuves que le jardin m'oppose. Pour l'instant je n'ai pas trouvé de réponse claire ; le doute demeure même si mes pensées se diversifient et se précisent. J'ai de plus en plus d'expérience, je comprends de plus en plus la Nature et les Hommes, mais le doute demeure. La philosophie de vie de la docte ignorance est philosophie d'humilité ; le « chevalier du doute » ne trouve aucun ennemi à combattre.

Le doute est la condition de notre liberté.

---

sera prêt pour partir explorer le cosmos. Du jardin à Kepler-186f, cf *Nagesi*.

ÉVEIL DU MATIN ET PAIX DU SOIR

Le mois de juin approche, j'ai commencé à faucher ma prairie. Chaque matin, un peu avant sept heures, je suis équipé de ma faux et de ma pierre à aiguiser. Mes pas crissent dans l'herbe des allées, qui est froide et mouillée de rosée. Si vent il y a, j'estime sa direction et je fauche en le suivant. Car le vent appuie sur le haut des herbes, ce qui les rend plus faciles à trancher au pied.

Le début de la journée, alors que le soleil est levé mais n'éclaire pas encore directement le jardin, est un moment très paisible. Le trafic encore faible sur l'autoroute proche n'est pas audible. Le jour démarre dans le calme. En même temps, le jour bascule dans l'énergie. *C'est comme si le froid et la rosée de la nuit tenaient toutes choses ensemble : la terre, les plantes, le ciel, les nuages. Juste avant que le soleil n'illumine directement le jardin, tout cela ne fait qu'un.* Puis l'astre royal éclaire tout ce petit monde, et chacun démarre sa vie autonome, pour une nouvelle journée. L'éclatement paisible de l'unité cosmique confère à chaque parcelle du cosmos une somme d'énergie, énergie qu'il faut dépenser avant le prochain soir.

Le premier coup de faux signe mon entrée dans ce grand réveil du monde : je m'active moi aussi. Mais un peu comme un tricheur. Ou un voleur. À l'herbe qui voulait vivre en dépensant son quota d'énergie, je le lui soutire. Je coupe l'herbe et je prends pour moi cette énergie. Je fauche, je fauche, je fauche, le foin s'étale en randes bien droites. Puis de tout ce foin je fais un gros tas, sorte de boule d'énergie stockée. Puis au cours de la journée, j'irai étaler ce foin dans le jardin, triste herbe qui n'aura pas pu accomplir son cycle complet de vie, alors que la naissance du jour lui en faisait la promesse. En mourant au pied des cultures, en s'y décomposant, le foin libérera cette énergie là où je le veux : dans le sol.

Heureusement que l'herbe de la prairie ne comprend pas cette injustice, sinon elle refuserait de pousser l'année suivante. À quoi bon grandir, si c'est pour finir en terre avant d'avoir pu faire ses graines ? Elle me ferait la tête.

La mort nourrit la vie, c'est ainsi. Même dans un jardin agroécologique où l'on respecte la vie, on ne fait que détourner à notre profit le cycle naturel de mort et de vie.

Ici, comme dans toutes les prairies, l'herbe n'a pas droit à sa gloire. Uniquement dans les zones tampon la laissé-je monter en graines.

Réjouissons-nous de ne pas être des idéalistes, qui ne toucheraient à aucune plante et à aucun animal sous le prétexte fallacieux que ce serait immoral et indigne d'un être humain.

En cours de journée, toute l'énergie vitale se libère : chaque plante pousse, chaque microbe et chaque champignon décompose, chaque campagnol creuse, chaque limace s'enfouit dans le sol, chaque carabe cherche la limace pour s'en nourrir, chaque ver de terre ingère et recrache la terre pour l'enrichir et l'aérer. Et le jardinier s'active tout autant.

Le soir est donc bienvenu : l'énergie allouée a été dépensée. Chaque parcelle du monde a fait ce qu'elle devait faire ;

aucune n'a plus la force de réaliser son projet ; toutes tombent les unes contres les autres ; elles n'ont plus même la force d'affirmer leur identité. Toutes s'endorment. Et le grand tout, l'unité, se reforme – la paix du soir advient. Le jardinier va se terrer dans sa maison… en terre, fraîche juste comme il faut pour bien dormir.

Calme de la nuit.

Bêtes de la nuit, voleurs et raboteurs, grignoteurs et mordeurs, yin dans le yang, prélèvent sans effort les faibles et les démunis. Mais c'est une autre histoire…

Résumé : le bonheur au printemps

Démarrer le printemps simple comme un point ;
Faire par soi-même ;
La recette : apprentissage, volonté et expérience ;
Notre humanité dans la simplicité ;
La confiance dans la simplicité ;
On n'est pas seul au jardin ;
Être heureux au milieu des malheureux ;
Souris à ta mauvaise herbe ;
Bonheur mais difficultés et doutes entre Nature et Société : l'agroécologie est une véritable aventure humaine ;
La confiance en soi ;
Au jardin on ne ment pas ;
La terre ne ment pas ;
Cultiver confère la santé mentale ;
La quête de notre identité : avec la volonté d'observer, de ressentir et de réfléchir à ce que la Nature nous montre d'elle, un chemin se dessine devant nous, qui est peut-être un chemin qui existe de toute éternité...
Le jardin nous montre qu'une société sans argent est possible ;
Le doute est la condition de notre liberté ;
Le jardin de la terre au cosmos ;
Union de la nuit, expansion et épanouissement du jour.

V

Été rassure

LE LABYRINTHE DU SAVOIR

L'été est là, enfin ! Il est temps de faire les premières récoltes de tomates, de concombres, de haricots, de courgettes... Et il est temps de constater que telle culture ne donne pas autant qu'espéré, que telle autre donne bien plus, que telle autre encore est à peine satisfaisante. Pourtant chacune de ces cultures a reçu les mêmes soins lors de la préparation de la terre et des semis. Que puis-je donc améliorer ? En ai-je trop fait ? Est-ce que l'ensemble de mes techniques repose sur une logique saine, ou bien cette logique est-elle incomplète ? L'été apporte, comme chaque saison, ses récoltes de questions !

Globalement, compte tenu des aléas de la météo et du climat, depuis que je cultive je suis satisfait de la production de mon jardin. Mais certains visiteurs, en voyant mes cultures, me font part de leur désarroi : « Eh oui, je n'ai pas encore compris la Nature ! ; Je ne m'y mets pas assez régulièrement ;

Je jardine, mais je fais ça au feeling ; Je n'ai pas de bonne récolte cette année, mais je suis mon intuition ; Ce qui me gêne dans le maraîchage professionnel, c'est que c'est trop technique ». Alors que moi je me sens à l'aise dans l'ensemble du savoir relatif à la terre et aux plantes, ces visiteurs, amis et membres de ma famille qui n'ont pas fait d'études de biologie et de géologie, ont le sentiment de se perdre dans un labyrinthe du savoir. Et, c'est évident, ils essaient d'avancer dans ce labyrinthe en utilisant quelques éléments techniques lus ici, quelques éléments spirituels appris là, quelques éléments théoriques entendus là-bas. Pour moi il n'y a rien de mystérieux dans la croissance des plantes et la vie du sol, mais pour eux tout cela est sans queue ni tête.

Je me sens donc parfois un peu mal à l'aise : j'essaie d'expliquer chaque aspect qui leur pose question, mais il leur manque la vision d'ensemble dans laquelle inscrire le savoir que je leur transmets. C'est encore plus difficile pour moi d'expliquer une technique en phase de test. Et parfois c'est difficile tout court, car le cadre de pensée dans lequel se déploie l'agroécologie n'est pas un cadre fixe. Il est déformé par des « lignes fortes » de pensée qui s'étendent au-delà – mon agroécologie, vous l'avez compris, n'est pas qu'un seul défi technique et agronomique. Et à logique s'ajoute le ressenti et la sensibilité envers le vivant, qui m'inspirent certaines techniques... Comment expliquer cela à quelqu'un qui, en plus d'un manque de connaissance en biologie, n'a qu'un seul angle de vue sur l'agriculture ?

Pour comprendre la terre de votre jardin, il faut connaître les différents types de terres qui existent. Ce pourrait être la première des choses à apprendre. Pour beaucoup de jardiniers amateurs, simplement faire les semis est difficile. La levée leur paraît très aléatoire. Parce qu'ils ne connaissent pas leur terre. Sans aucun doute il faudrait qu'ils assistent, dans un second temps, à des cours élémentaires de jardinage, pour apprendre à faire toutes sortes de semis en toutes circonstances. Ils constateraient que la réussite ou l'échec d'un semis ne dépendent pas du hasard et ils gagneraient de la confiance en soi. Je me sens mal à l'aise de recommander à quelqu'un de faire des engrais verts si cette personne se contente d'acheter des plants au pépiniériste et de les mettre en terre (rares sont les jardiniers amateurs qui font eux-mêmes leurs semis ; la majorité achète les plants de salade, de tomate, choux, betterave, courgette, courge…)

L'intuition a sa place en agriculture, mais sans technique l'intuition ne peut pas être mise en forme. Je sais que cette affirmation fait soupirer ! Mais c'est de la fainéantise intellectuelle que de refuser en bloc soit toute la technique, soit toute l'intuition. Chacune a sa place en agroécologie.

Le labyrinthe du savoir est en fait une opportunité pour moi : l'opportunité d'enseigner, de transmettre, de montrer. Il faut se réjouir : ce labyrinthe n'est pas une fatalité ! La seule condition, pour le jardinier amateur, est de vouloir vraiment dépasser ce stade. Car ce n'est qu'un stade : on s'est habitué à penser que le semis et le jardin ne sont que des réalisations aléatoires. On croit qu'il y a un « truc » voire un secret qui fait toute la différence entre l'amateur et le professionnel. On croit donc que l'agriculture est un art fort difficile, qu'on fait partie de ceux qui n'arrivent pas à comprendre et on oublie de penser qu'il peut en aller autrement. Mais il faut le vouloir ! Il ne faut pas s'endormir dans cette situation de savoir bancal et d'intuition improductive. Il faut le vouloir et il faut faire des efforts, d'observation, de précision des gestes, de précision des dates, de choix du semencier…

De la volonté !

Peut-être que ce stade de jardinier amateur un peu effrayé devant le Savoir vous satisfait ? Pourquoi en faire plus, vous demandez-vous ? En quel cas, il vaut mieux prêter votre jardin à une personne qui a vraiment envie de jardiner. Ou vendre votre maison et vous installer dans un appartement – trop de personnes veulent un jardin, potager ou d'ornement, mais sans faire l'effort d'apprendre à l'entretenir correctement. D'où les tonnes de pesticides vendues aux particuliers… D'où les massacres des arbres à la tronçonneuse et les massacres de l'herbe au tracteur-tondeuse. Donc pourquoi jardinez-vous ? D'où vous vient l'envie de jardiner ? Aimez-vous vraiment jardiner ? Jardinez-vous un peu tous les jours ? Ou bien ne faites-vous que des corvées au jardin ? L'été, quand les cultures sont exubérantes, que les récoltes vont bon train et qu'il faut fournir beaucoup de travail au jardin, c'est le bon moment pour se questionner sur la motivation profonde. Voulez-vous jardiner ainsi tout le reste de votre vie ?

Cela fait sept ans que je suis « à fond » dans le jardinage agroécologique, et je me pose à nouveau cette question. Qu'est-ce que je veux vraiment ? Est-ce semer, voire les cultures pousser, récolter, composter, etc. ? Ou est-ce que *via le jardinage* je souhaite atteindre quelque chose d'autre ? Ou est-ce que le jardinage n'est qu'une étape sur mon chemin de vie ? Une étape dont le sens se dévoilera quand le terme arrivera et qu'un nouvel horizon pointera ? Et les fruits de cette étape constitueront un matériau de base pour l'étape suivante ?

J'ai été passionné par le cyclisme, par l'informatique, par les sciences et la logique, par le volley-ball. Dans chacun de ces domaines je suis allé aussi loin que possible, jusqu'à ce que je ressente que j'avais fait le tour de la question. Jusqu'à ce que ma « soif » soit étanchée, pour ainsi dire. Mon destin a fait en sorte que je ne me satisfasse pas de la permanence et de la répétition à l'identique ; est-ce qu'un jour je n'aurai plus envie de semer ? Voilà une pensée qui m'attriste. Ce qui me paraît évident, c'est qu'au jardin on ne peut pas aller contre soi-même. Sinon on n'est plus en phase avec le jardin.

Si j'écris ce livre, et les autres avant, c'est parce que je réfléchis sans cesse. La réflexion est comme un moteur à hélice : ça fait nécessairement avancer. Quelle que soit la direction ; le sur-place est impossible. Donc, même si c'est triste, il est certain que dans quelques années je n'aurais plus la même motivation envers mon jardin. J'espère que j'aurais toujours une motivation, mais c'est évident qu'elle ne sera plus la même qu'aujourd'hui.

C'est la vie ! Je ne peux pas stopper mon mouvement. Heureusement, la nature, le jardin, se laissent regarder et comprendre de mille façons. Je garde donc espoir !

LA NAISSANCE DU JOUR

En été le soleil se lève tôt, et on a le temps d'apprécier ce moment avant de commencer à travailler. Tout est calme, le vent n'est pas encore levé, quelques oiseaux chantent. Le calme semble tout rapprocher : on se sent plus proche des arbres de la haie et des cultures les plus éloignées. Tout est immobile pour que le spectacle de la naissance du jour ne soit pas perturbé et que le déploiement de la lumière soit sans à-coup et total.

C'est un des plaisirs de ce métier que de pouvoir vivre ce moment, quand la majorité de la population est plutôt en train de se préparer à passer de mauvais moments dans les embouteillages du matin. Ou à être serrée comme des sardines en boîte dans les métros et les bus.

La naissance du jour n'a pas le même « goût » selon les saisons. En été, cette naissance est la naissance de la puissance, de la vitalité totale et incontestable. Car au printemps, la naissance du jour contient avant tout l'espoir. Rien n'est certain au printemps : même s'il faut beau un jour, le lendemain peut être de gel ou gris de pluie froide. En été, les journées de sélection du printemps sont derrière nous : les cultures qui ont bien résisté aux aléas d'avril et de mai donneront leurs fruits très certainement. L'exubérance des récoltes est autorisée. C'est le temps de la puissance sans retenue.

Une fois le soleil levé et ses rayons illuminant presque tout le jardin, il y a encore le « petit matin » à apprécier. Il dure une bonne heure. C'est le début du travail au jardin. On démarre doucement, les muscles demandent à s'échauffer progressivement. C'est tout le contraire du travail industriel, où la productivité doit être maximale dès qu'on est enregistré à la pointeuse ! Au jardin, c'est à partir de dix heures, quand la digestion des fruits du petit déjeuner se terminera, et jusqu'à midi, qu'on effectuera les plus rudes travaux de force. Parce que la force est la prolongation naturelle du calme et de la fraîcheur. La force, pour ainsi dire, prend sa force dans le calme.

Démarrer la journée au rythme de la nature est un luxe dans notre société industrielle. Souvent je me suis senti « meilleur » que la masse des gens parce que j'ai réussi à exercer une activité qui me permet de vivre selon ce rythme naturel. Mais j'ai rapidement compris cette évidence : que ce rythme est le rythme de la vie tout simplement et qu'un être humain ne fait rien de particulier quand il s'accorde à ce rythme. Je suis « juste » un humain ordinaire. *Je n'ai pas à me vanter de vivre au rythme de la nature, car il n'y a rien de plus banal.*

Assister à la naissance du jour m'infuse d'un sentiment de simplicité, une simplicité qui n'a pas besoin d'être expliquée. Peut-être que notre société a décidé de ne plus accorder d'importance à ces moments parce qu'ils sont trop simples à son goût. C'est plus important d'être dans un embouteillage que de regarder le lever du soleil. Regarder le grand astre se lever ne nécessite pas de faire tourner un moteur, d'activer un poste de radio, de faire tourner des roues en alliage de métaux légers, de se déplacer sur un revêtement à bise de bitume, d'être habillé conformément aux codes de la décennie... C'est peut-être pour ça que la naissance du jour a perdu de son importance. C'est comme regarder les étoiles : ça devient important à partir du moment où on fabrique et on vend des télescopes pour les regarder. Savourer la naissance du jour ne fait gagner d'argent à personne.

Réjouissons-nous : il nous suffit d'apprécier la naissance du jour pour accomplir notre destin d'être humain ! Ce n'est pas trop difficile, n'est-ce pas ?

C'EST PAISIBLE AU FOND DU JARDIN

Le fond du jardin est par définition l'endroit le plus éloigné de notre « territoire ». C'est un endroit qui est loin de la maison, loin de la cour, loin des planches de cultures, plus loin encore que la prairie qui entoure ces dernières. Ce fond du jardin est livré à lui-même bien souvent. Dans mon cas, je n'y travaille qu'une fois tous les deux ans, en hiver : ce sont des haies qu'il faut tailler de chaque côté.

Quand on a la chance d'avoir un terrain assez grand, dont on ne puisse voir la totalité quand on se tient à une de ses extrémités, le fond du jardin est un endroit particulier. Vous vous y rendez, vous vous retournez, et votre jardin vous montre son autre « visage ». Quand vous travaillez chaque jour au jardin, vous voyez son visage dans l'instant présent. Alors que regarder le jardin depuis son fond, c'est voir son visage à l'échelle du mois, voire de la saison. S'il est grand, on ne se rend pas chaque jour au fond du jardin, donc chaque fois qu'on le contemple depuis le fond, il nous montre un visage différent. Le jardin d'octobre n'est plus celui d'août. Celui de juin n'est plus celui de mai. *Aller au fond du jardin, c'est prendre du recul.* Quand je suis au fond du jardin, je vois mieux le jardin tel qu'il est. Comme s'il se montrait à moi en rendant transparentes toutes les choses que je lui fais subir. Là j'ai semé, là j'ai tondu, là j'ai mis des tuteurs, là j'ai passé le motoculteur... vu du fond du jardin, toutes ces actions ne semblent pas modifier l'identité du jardin. « L'esprit » du jardin oserais-je dire. Aurais-je mis en œuvre d'autres techniques, qui auraient conféré une autre apparence au jardin, vu du fond je verrais toujours *le* jardin. Le jardin qui ressemble presque à une personne. Il est là, juste en face de moi. À moi de le voir ! De tenter de le voir, en essayant d'avoir l'esprit libre de tout le travail que j'ai fait hier et de tout le travail que j'accomplirai demain. Le jardin est là, quelles que soient les techniques, quel que soit le calendrier de travail.

Il existe quelque part, je ne saurais dire où, dans une forêt, un gros rocher qui semble enfoui dans la terre. La partie émergente est sculptée en tête de Bouddha ! Il a été photographié de nombreuses fois. Cette tête de Bouddha est recouverte de mousse. Là, dans ce coin de forêt, l'artiste sculpteur a voulu faire reposer l'esprit de Bouddha. Eh bien, au fond du jardin il n'y a aucune sculpture, mais c'est un peu ça que je ressens. Il y a l'esprit du jardin, qui se repose. Il faut prendre du recul pour le voir, et il faut le voir avec notre œil intérieur...

Et comme les traces de notre travail au jardin ne sont plus visibles, aller au fond du jardin nous amène aussi à nous regarder nous-même. Qui sommes-nous donc dans ce jardin où ne s'imprime nulle trace de nos actions ? Voilà un jardin fortement travaillé, mais dont l'identité, dont l'esprit, ne se laisse pas modifier. Et voilà un jardinier qui va à la rencontre de ce jardin, mais il devient un jardinier sans outil et sans technique. Il devient un jardinier qui ne fait rien ! Aller au fond du jardin, c'est aller vers le dépouillement. On y arrive les mains dans les poches ! On y arrive presque tout nu, dans notre nudité d'être humain qui s'apprête à regarder la Nature. Par-delà les lignes des allées et des planches cultivées : voilà le jardin, fidèle à lui-même, malgré tout ce que je lui fais subir de transformations. Qui suis-je donc ? Réponse : tiens, c'est un hérisson qui va là, se cacher sous les feuilles...

Moment de bonheur subtil au jardin !

Vous comprenez que si l'être humain remue sans cesse et partout la Nature, l'âme humaine n'a plus d'endroit où aller d'où elle pourra regarder la Nature par-delà ses actions. Si nous ne nous limitons pas, nous ne pouvons pas nous éloigner de nous-mêmes. Et le désordre mental, la maladie mentale, s'installe en nous. Si nous ne savons pas nous éloigner, nous ne pouvons pas connaître la signification de ce qui nous est proche.

Réjouissons-nous du petit fond obscur et un peu sauvage de notre jardin !

–

Le fond du jardin est donc un endroit paisible. Bien sûr, je ne vis pas au bout du monde ; il y a des êtres humains qui rôdent autour du jardin ! Juste à côté c'est un terrain de football. Un terrain qui sert bien peu, de nos jours, mais où les gamins du coin viennent jouer et, parfois, viennent faire des conneries. Cet été, un après-midi que j'étais absent, ils sont venus abattre à la hache un arbre au fond du jardin, casser de nombreuses branches et piétiner la végétation. Fini le calme au fond du jardin ! Ils ont tout foutu dans le fossé. Des gamins de 10-12 ans, que j'ai revus quelques jours après. Ils faisaient semblant de ne rien savoir ; je les ai prévenus que je les frapperai s'ils s'approchaient à nouveau de mon jardin.

Pourquoi la jeunesse détruit-elle la Nature ? Je vais moi-même donner la réponse à la question que je me pose : quand j'étais petit, j'aimais tuer les lézards à coup de bâton et, quand on randonnait, souvent j'aimais frapper de toutes mes forces des branches ou des plantes. J'éprouvais ma puissance ! Un lézard ne pouvait rien contre moi ; une branche pendante ne méritait que d'être battue. En grandissant, j'ai arrêté ces assauts barbares, évidemment. J'espère que la Nature ne m'en tient pas trop rigueur ! J'ai arrêté de moi-même, sans recevoir aucune fessée ou menace de mes parents. Ces adolescents qui ont saccagé mon beau fond de jardin paisible, n'ont pas encore compris qu'il n'est pas possible de détruire la Nature juste parce qu'on se sent puissant. J'espère que mes menaces leur auront mis cette limite dans la tête…

Plus généralement, cet incident montre que si on n'enseigne pas aux enfants le juste comportement envers la Nature, certains enfants vont la maltraiter et continuer ainsi à l'âge adulte.[20] Plus simplement, si on ne va pas dans la Nature avec

---

20 Oups ! Je viens de dévoiler l'enfance de toutes les personnes exerçant des responsabilités dans l'agrochimie…

les enfants, s'ils ne la voient pas, ils n'en auront même pas conscience ! S'ils grandissent en ne voyant que des gazons tondus et des arbres bien droits dans les parcs et au bord des routes, ils penseront que la Nature n'est qu'un « truc » qui se laisse maîtriser et conformer. S'ils n'accompagnent jamais aucun adulte au fond du jardin, ils ne seront pas initiés au sentiment d'éloignement et tout ce qui s'ensuit en termes de regard sur la Nature et sur soi-même.

Les jardiniers et les jardinières sont très peu nombreux relativement à la population globale – et les agriculteurs encore moins. Ils portent donc cette très grande responsabilité d'initier à la Nature les petits Français. L'initiation ne s'acquiert pas via les livres : il faut un contact humain, une *transmission*. Mais si les jardiniers n'ont pas de respect pour la Nature, s'ils n'ont pas compris que jardiner est une aventure humaine, s'ils ne jurent que par « traiter » les allées et bien doser les engrais, ils vont transmettre un regard d'aveugle aux enfants. Ces jardiniers-là connaissent-ils le bonheur au jardin ? S'ils ne le connaissent pas, ils ne pourront pas transmettre aux enfants cette idée que le bonheur existe au jardin. Je dis bien cette *idée* du bonheur, car pour l'enfant cela semblera un peu mystérieux et éloigné. Mais cette idée est un point de départ. C'est une graine semée...

Le fond du jardin est un lieu bien paisible. Et bien fragile. Un *sanctum sanctarum* ? Peut-être. Ce qui ferait de tout le jardin un temple. À méditer...

SOBRIÉTÉ ET PATIENCE

L'été amène les récoltes, mais elles ne sont pas en quantités astronomiques : l'agroécologie est une petite corne d'abondance. Chaque mètre carré délivre environ 4 kg de légumes, c'est tout. Et pour que ces récoltes arrivent, il faut attendre en moyenne deux mois. Voilà le double message que je fais passer à mes clients et à mes connaissances : *sobriété et patience*. Ne me demandez pas des quantités astronomiques de légumes, mangez les récoltes de saison et mangez les récoltes qui sont là cette année-là. Car selon les années, certaines cultures sont plus favorisées que d'autres. Au printemps 2018 j'ai eu peu de fraises et encore moins de mûres tayberry (les plants n'ayant pas supporté la canicule de 2017). Par contre j'ai eu beaucoup de groseilles. Mais les clients ne les ont pas achetées : ils voulaient des fraises et des tayberry. Je souhaiterais que les clients adaptent leur comportement alimentaire... Qu'ils soient sobres et acceptent ce que la Nature nous permet de récolter...

Tout aussi simple qu'ils soient, ces messages sont à contre-courant de la société. Si je veux être plus exact, je dois dire qu'au jardin il n'y a pas de patience à avoir. Ce n'est pas une question de temps, mais de tempo (de rythme). Car les plantes poussent en permanence et leur croissance est visible. Et les récoltes n'ont jamais peu de valeur : chaque récolte est le « résultat » d'un vaste ensemble compliqué de conditions imbriquées les unes dans les autres. Toute récolte a de la valeur, car l'absence de récolte est toujours possible. Dire d'une année que « la récolte a été mauvaise » est une mauvaise façon de penser ; la nature a donné son maximum étant donné les conditions de cette année-là. La nature donne toujours son maximum.

Les clients ne voient mon jardin que par ses récoltes : telle quantités à telle date. Pour moi le jardin est un tout. Par exemple quand les petits pois sont semés au printemps, j'enchaîne sur d'autres semis, sur des travaux du sol, sur du fauchage, des tontes, du compostage, etc. Chaque culture, chaque récolte, possède sa valeur propre. Une valeur propre qui est élevée parce que je fais tout mon possible pour donner à chaque culture une terre excellente. Et les valeurs propres se cumulent, parce qu'une culture est *une* culture dans un *ensemble* de cultures qui s'accompagnent et se succèdent. Chaque culture donne de la valeur à la culture suivante (par ses racines qui ont ameublit la terre, par ses parties aériennes qui ont protégé la terre et qui finissent compostées, par sa simple présence dans la rotation des cultures qui participe à réduire les risques de maladie). Donc certes les récoltes agroécologiques sont modestes – en ceci, elles impliquent une certaine sobriété qui contraste avec l'avidité infinie de la société de consommation de masse – mais leur valeur est haute. Le client ne se réjouit que par la récolte qu'il consomme, moi je me réjouis en plus par tous les autres effets des cultures. C'est tout cela qui me donne confiance dans ma terre, confiance que l'année prochaine, quel que soit le climat, il y aura des récoltes. Et cette confiance-là, c'est la base de la base de la société. *L'agriculture est à la base de la société, et la confiance dans les effets des plantes cultivées sur la fertilité du sol est à la base de l'agriculture.* Même si on est, surtout en agroécologie, toujours sur le fil de la fertilité (la terre est toujours *juste assez* riche, jamais trop riche, jamais trop pauvre).Cette confiance-là, qui est une forme de joie, qui est une sorte de sérénité, ne se partage pas avec le client. C'est le cœur du métier – c'est encore un sanctum sanctarum. Similairement, je ne m'ennuie jamais au jardin. Je n'ai jamais à m'enjoindre à la patience : il y a toujours à faire au jardin, et je m'efforce de faire en sorte que chaque action ait des effets positifs, facilitateurs, améliorants, pour les autres actions à venir. Tout est lié. Le jardin est un tout dans l'espace et dans le temps. Même en automne, que les engrais verts poussent, et même en hiver, quand ceux-ci se décomposent sous le paillage et la bâche noire : au jardin il se passe toujours quelque chose. La Nature ne s'arrête jamais.

Le jardin est un tout qui vit tout le temps. Le défi subtil du jardinier agroécologiste est de guider ce tout, en confortant et en utilisant les propres force de ce tout, en agissant sur ce tout ni trop ni trop peu. Le jardinier agroécologiste doit presque *vouloir sans vouloir*. Il doit juste poser de place en place et de temps et temps des jalons sur lesquels les forces du jardin vont « ricocher » et repartir dans la direction qu'il souhaite. Tout en posant certains jalons dont la seule fonction est d'entretenir les forces du jardin. Il ne doit en aucun cas vouloir diriger fermement ces forces vers une destination fixe. C'est un très subtil jeu de flipper.

Résumé : le bonheur en été

À tout labyrinthe du savoir bon guide et persévérance ;
Être conscient que nous évoluons, donc peut-être qu'un jour le jardin ne nous parlera plus de la même façon ;
Joie de l'exubérance et puissance ;
Vivre au rythme de la Nature : une évidence !
Aller méditer au fond du jardin un peu sombre et sauvage, c'est voir par-delà le jardinier ;
Être heureux, c'est transmettre ce qui nous rend heureux ;
Le jardin est un tout qui vit tout le temps ;
Le bon guide.

VI

Automne prépare

LE MAÎTRE SECRET

La Nature est un maître. Un maître évident, tout d'abord. Il faut respect ses règles pour que les graines germent, pour que les plantules grandissent et fassent des fruits. Pour composter, pour pailler, pour semer, pour récolter, pour arroser, pour affiner la terre, pour sélectionner les engrais verts, pour établir les rotations des cultures, pour faucher, pour tondre... La Nature nous entoure de ses lois incassables. Et n'oublions pas la météo et le climat auxquels il convient de s'adapter[21] !

---

[21] Même si Patrick Burensteinas, par les pouvoirs alchimiques qu'il possède, affirme pouvoir faire tomber la pluie. Mettons de côté l'énormité de cette affirmation, pour jouer avec une question plus simple : est-ce que l'état d'esprit d'un peuple entier peut influencer la météo et le climat ? Peut-être... Mais si on pense cela, alors les sécheresses et les inondations sont-elles la juste « récompense » des peuples égoïstes, par exemple ? L'inondation de New York et les cyclones en Floride sont-ils le juste retour des choses pour un peuple américain qui ne vit que pour l'argent et la domination militaire ? Faut-il vraiment imaginer un lien entre l'état d'esprit et la météo pour expliquer les variations annuelles des récoltes ?

Pour respecter toutes ses lois, pour cultiver en la respectant, la Nature nous enjoint à la rigueur, la souplesse, la force, la gestion du temps, le calme, la réactivité, l'observation, le ressenti, la créativité.

Par-delà ces enseignements évidents, je crois que la Nature est *le maître que nous désirons avoir*. Le jardin est un morceau de Nature que nous modifions. Il nous renvoie donc notre image comme un miroir. Ainsi, sommes-nous timides ? La Nature nous poussera à être démonstratif et exubérant dans nos méthodes de travail. Sommes-nous forts ? La Nature nous apprendra à travailler sans effort. Sommes-nous sûrs de nous-mêmes et arrogants ? La Nature nous enseignera le doute et la docte ignorance. Sommes-nous persévérants et endurants ? La Nature nous enseignera à remarquer et à réagir aux petits détails inattendus. Sommes-nous faibles et incertains ? La Nature nous apprendra la force et la confiance. Sommes-nous moches et sans honneur ? La Nature nous apprendra la beauté et la fierté.

Des enseignements les plus évident jusqu'au moins évidents et très personnels : la Nature est parfois un maître secret. Nous travaillons avec elle, nous l'agençons, nous la touchons, nous la regardons, nous la ressentons, chaque jour, chaque semaine, chaque mois, chaque saison, chaque année, plusieurs années de suite. Et nous n'arrivons jamais à la comprendre totalement. Elle demeure, au fond, inaccessible et cachée. Toutes les techniques, des plus puissantes aux plus modestes, des plus raffinées aux plus grossières, aucune n'épuise la Nature. Elle est source d'émerveillement et source de mystères, elle l'a été et elle le sera toujours. Au fond du jardin, on ressent que le maître secret est là. Il y a toujours un message caché à chercher. Il y a toujours les deux moitiés du *symbolon* à réunir : la moitié que nous détenons et la moitié que la Nature détient. Qu'y a-t-il en nous que nous devons chercher ? Qu'y a-t-il dans la Nature qui se présente à notre conscience ? Réunir le symbolon : est-ce là l'union sacrée ?

Même quand la Nature nous présente des questions qui semblent nous dépasser, il ne faut pas baisser les bras ou s'en détourner. Cette convergence de l'Humain et de la Nature est parfois mystique, parfois tout à fait concrète. Ainsi du changement climatique : pouvons-nous encore l'enrayer ? Ou comment devons-nous nous y adapter ? Observons, ressentons, osons changer : voilà ce que nous dit sans cesse la Nature. À nous de construire en utilisant cet enseignement du maître.

PAS DE BONHEUR GRI-GRI

Au jardin, la saison se termine. On a bien travaillé au printemps pour semer et planter, on a bien paillé et récolté en été et en automne, en automne on a fait les semis d'engrais verts qui s'imposent. Maintenant que les jours sont courts et que les nuits sont longues, on éprouve une joie authentique et calme. Une joie de « longue durée », une joie de presque toute une année, et cette joie culminera dans le creux de l'hiver froid et sombre, comme expliqué dans le chapitre consacré à l'hiver.

Espoir, croissance, exubérance, récolte, cristallisation, réduction, fractionnement, humidification, concentration : le collier de joie du jardinier agroécologiste.

Cette joie n'est pas artificielle, bien sûr, et elle n'est pas superficielle non plus. C'est une joie du temps long, qui se situe non pas au niveau de l'humeur mais du tempérament. C'est une sérénité, une confiance. Cette joie s'inscrit dans notre tempérament. C'est une joie climatique et non pas une joie météorologique (l'humeur étant du registre de la météo, changeant de jour en jour).

Quand on vit cette joie pérenne, on comprend qu'il n'y a pas de bonheur « gri-gri » au jardin. J'ai rencontré certaines personnes pour qui le jardin serait par essence un lieu de bonheur ; que le jardin rendrait nécessairement heureux et satisfait de la vie et qu'on a pas le droit d'être malheureux au jardin ! Il y a des tels inconditionnels du bonheur ! Ce sont des zaïb's (des adeptes inconditionnels du bonheur). Mais je crois que ce bonheur affirmé et répété sans cesse est plutôt un gri-gri. Un talisman de mots. Ce n'est pas la réalité. Clamer l'évidence du bonheur dans la nature : ce ne sont là que des mots. Ce sont même des mots qui peuvent barrer la route à la réalité et à l'épanouissement personnel[22].

Cette joie superficielle et naïve est légitime quand on découvre le jardinage et tous les bénéfices que cette pratique amène. « Tout est bien, tout est beau, tout le monde est gen-

---

[22] C'est ce qu'a fait un cardinal de Paris en s'exprimant à propos des hommes d'Église pédophiles. Il a affirmé que l'Église ferait le nécessaire pour mettre fin à ce fléau et il a utilisé cette expression forte : « il faut purger le pus ». Comme si cette seule expression était à la fois une expression et une action (comme si, pour le dire en termes techniques, c'était du performatif). On sait que rien n'a changé depuis, la sexualité des prêtres restant problématique, parce que l'énergie de réforme s'est épuisée dans la force de l'expression du cardinal. Une expression gri-gri.

til ». La graine semée a germé. J'étais un peu dans cet état d'esprit lors de ma formation à la ferme de Sainte-Marthe en 2012. Mais pas complètement. Lors de la formation, j'ai vu des stagiaires quasi-euphoriques tomber de haut et perdre leurs moyens devant les premières difficultés. Devant un semis qui ne lève pas, devant des mauvaises herbes qu'il faut enlever à la bêche. Le mantra « joie, bonheur, paix, amour, namasté, tous ensemble, résilience » ne s'accordait pas tant que ça avec la terre collante et mouillée du jardinet donc chaque stagiaire recevait la responsabilité pour deux mois et demi. Les mots et les grands sourires n'ont pas suffi pour fertiliser la terre.

Il y a beaucoup de communication à la radio, à la télévision et sur internet à propos de l'agriculture bio et le monde meilleur que cela promet pour la Nature et l'Humanité. D'où l'idée fort répandue qu'il n'y a là que de la joie et des sourires. Que l'AB c'est le paradis sur terre ! Surtout quand c'est de l'AB micro-ferme en permaculture ! Cela se traduit par exemple par des dessins de cœurs et de vaches rigolotes qui tirent la langue sur les emballages des produits bio ou équitables. Par exemple les bars de chocolat bio « loveschok » : illustrations et textes sur l'emballage sont… discutables.

Au jardin, il ne sert à rien de penser tout le temps au bonheur et d'invoquer tout le temps le bonheur et d'arborer tout le temps un grand sourire. C'est trop superficiel. Le jardin ne peut pas sustenter un tel désir de bonheur bien longtemps. Il peut vous rendre très heureux quand vous avez décidé de quitter votre travail dans l'industrie, c'est certain. Mais par la suite, il va sustenter un bonheur plus profond et plus durable. Un bonheur plus fiable. Après être passé par une phase de doutes et de difficultés. Et on arrête alors d'agiter à tout bout de champ ce bonheur gri-gri, car ce bonheur durable ne peut pas se transmettre par un bisou ou par une poignée de main. Il demande de passer du temps dans le jardin ; il demande une irremplaçable expérience vécue. C'est un chemin initiatique personnel.

Le bonheur gri-gri en AB se vend très bien dans les médias de masse, parce que c'est simple et direct. *La massification passe par la simplification.* Plus une nouveauté est simple, plus on est facilement attiré par elle (c'est le principe de la vulgarisation, qui sert la cause de l'AB aujourd'hui). Le bonheur gri-gri au jardin « se vend très bien ». Mais la massification implique aussi que chaque année une nouveauté doive prendre le devant de la scène. Bientôt on ne parlera plus des microfermes au journal de 20 h, c'est certain. Le gri-gri sera mis à la cave et prendra la poussière, remplacé par une autre idée plus « in ». J'espère que lorsque cela se produira, le grand public ne s'éloignera pas à nouveau de l'agriculture. L'agrochimie et les gouvernements successifs font tout pour que le désamour s'amorce. Après Pierre Rabhi, porte-parole actuel et charismatique de l'AB, qui a lui-même succédé à José Bové et Philippe Desbrosses, qui sera la prochaine figure de l'AB ? Si une telle figure n'émerge pas, qui puisse être reprise par les médias de masse et montrée comme exemple au grand public, l'enthousiasme actuel va-t-il perdurer ? Voyez le parti écologiste, qui a quasiment disparu faute de représentant qui ait de la substance et de la gouaille. J'espère que l'enthousiasme se maintiendra, la pointe d'enthousiasme se muant en une large vague tranquille et solide à travers la société. La population acceptant de moins en moins d'ingérer des résidus de pesticides. Mais méfiance ! L'opinion populaire est instable et elle pourrait se retourner contre l'AB, lui reprochant par exemple ses exigences trop élevées. Lui reprochant ses préconisations en termes de comportement alimentaire. Une situation discutable pourrait s'installer comme aux États-Unis, où cohabitent personnes qui ne mangent qu'AB et personnes qui revendiquent le droit à s'engraisser en mangeant de la malbouffe ! La coexistence contigüe des contraires ! Tout cela sous l'égide de la liberté et du droit au bonheur. L'opinion populaire pourrait aussi reprocher à l'AB de remettre en cause le capitalisme et la libre circulation des marchandises, de par les volontés de produire et de consommer localement. Tout ce que j'exprime dans mes livres est nuisible pour l'industrie et le capitalisme. Sous couvert de subtilités émotionnelles et techniques, mon opinion est radicale : je souhaite qu'advienne une société sans argent. Je veux que prenne fin le monde tel qu'on le connaît, avec ses riches toujours plus riches et ses pauvres toujours plus pauvres et indigents et bourrés de substances toxiques. Par exemple, en Polynésie Française, l'atoll de Tetiaroa (l'atoll de Marlon Brando) avec son hôtel pour super-riches, s'enorgueillit d'être dans un cadre naturel pur et intact, quasiment vide d'humains, et de fonctionner avec des technologies respectueuses de la Nature. Mais c'est une hypocrisie écologique insensée, car interdite à la majorité de la population par le système monétaire mondial ! Les puissants d'aujourd'hui, qui dirigent ce monde, ne veulent pas perdre leurs privilèges. Pour eux une nature pure et propre, pour pauvres une nature arasée et polluée. Les « GAFA » d'internet, entreprises stars d'aujourd'hui, adulent l'argent. Demain, sinon après-demain, main dans la main avec l'agrochimie et les gouvernements, elles se dresseront un jour contre l'agroécologie et tous les autres projets porteurs de l'idée d'un monde sans argent. Google, Amazon, Facebook, Apple, Microsoft : demain ces entreprises feront tout ce qu'elles peuvent pour réduire à néant les tentatives de construire une société sans argent[23].

Ne perdons pas cela de vue : l'agroécologie ne pourra développer pleinement ses techniques que lorsque les contraintes du commerce, donc de l'argent, auront disparu. L'agroécologie d'aujourd'hui n'est qu'un début. Le contact avec la Nature nous ouvre les yeux et l'esprit.

Culture et écriture : libertés, contraintes, avenir

Les journées raccourcissent, les nuits deviennent froides, les récoltes s'espacent. Les légumes d'hiver sont presque bons à récolter. Les cultures d'été laissent la place aux engrais verts d'hiver. Un ralentissement se fait sentir. Le temps s'allonge, alors qu'au printemps il raccourcissait à vue d'œil. L'état d'esprit du jardinier est influencé par ces changements de vitesse. Les questions que le jardinier se posait au printemps étaient tendues de spontanéité et toutes tournées vers le lendemain. Les questions qu'il se pose en automne sont plus longues et plus souples. Le jardinier cherche à saisir les « fibres sous-ja-

---

23 Renseignez-vous sur les projets de recherche fondamentale et appliquée qui sont financés par ces entreprises (auxquels s'ajoutent les projets de recherche dont on ignore tout, sous couvert du secret industriel) : l'humanisme n'y figure pas, tout au contraire. Quel contraste avec le fait qu'aujourd'hui on considère que les réseaux sociaux sur internet, qui sont propriétés de ces entreprises, sont le meilleur moyen d'expression et de construction démocratique ! Le vice porte le masque de la vertu.

centes » des plantes et de lui-même. L'année se termine : il faut profiter du dernier *momentum*[24] de la Nature pour essayer de répondre à ces questions d'ordre motivationnel – d'ordre dynamique / horizontal. En hiver, quand toute agitation des plantes aura cessé, que le calme sera fait, l'immobilité horizontale invitera le jardinier aux questions les plus verticales.

Voilà donc encore une saison de culture qui se termine. Encore une. En suis-je satisfait ? Ai-je toujours envie de continuer l'année prochaine ? Qu'est-ce qui m'a fait le plus plaisir ? Qu'est-ce que j'ai compris de plus important ? Qu'est-ce que j'ai découvert de plus inattendu ? Qu'est-ce que j'ai ressenti de plus subtil ?

Ces jours-ci d'octobre, je dois penser aux contraintes que le jardin m'impose. *Jardiner, c'est être au service des plantes et de la terre.* Ce métier permet certaines libertés, mais parfois ces libertés paraissent bien petites.

En comparaison, au cours de l'été parfois mon métier d'écrivain m'a paru être un métier de totale liberté. J'avais tant de choses à faire au jardin que je me rappelais avec un envie le travail d'écriture. Pas de lourd chariot de foin à tirer, pas de centaines de litres d'eau à transporter à l'arrosoir, pas de travail sous un soleil de plomb qui vous tanne la peau. Pourtant les deux métiers se valent ; ils sont complémentaires. Dans l'écriture, les contraintes existent bel et bien. C'est plus facile de vendre des fruits et des légumes que des livres ! Moi et mes semblables on aimerait tous que la clientèle sensible à la qua-

---

[24] Énergie accumulée et qui se libère par elle-même.

lité des aliments soit plus nombreuse. Mais cette clientèle à son niveau d'aujourd'hui est mille fois plus nombreuses que la clientèle de lectrices et de lecteurs. Un seul kilo de tomates vendu rapporte deux fois plus qu'un livre. Deux concombres : voilà ce que vaut un livre. Et un éditeur conventionnel m'a même proposé de gagner trois radis par livre vendu !

Agriculteur et écrivain sont deux métiers qui rapportent peu d'argent, surtout quand on ne veut pas compromettre ses principes pour chaque métier. Suis-je toujours motivé à exercer ces deux métiers ? La pause agricole hivernale suffira à consolider ma motivation de jardinier. « La terre d'hiver me nourrira ». Mais je sens qu'il me faudra bientôt faire une pause dans l'écriture. La difficulté à se faire connaître est énorme. Et, plus difficile encore que de rencontrer d'autres jardiniers agroécologistes et de discuter avec eux, pour échanger expérience, ressentis, espoirs, doutes, est de participer à des réunions d'écrivains et d'intellectuels. Surtout que je n'écris pas de romans mais des essais, comme le présent livre. *L'écriture est une activité de construction ; tout simplement, ma cour à matériaux se vide.* Je ressens aussi une fatigue intellectuelle, alors qu'en cet automne, je termine la rédaction simultanée de trois livres. Mon sens de la logique s'émousse également, par manque de confrontation avec d'autres personnes et avec une rigide discipline de travail. Quand je travaillais en laboratoire, où il me fallait être très attentif au respect des critères scientifiques et aux critères de la norme de qualité GLP – à quoi s'ajoutait la rigueur allemande – mon sens de la logique était actif, sollicité et aiguisé. Ma pensée était très carrée et incrémentielle. J'ai un projet de livre sur l'intelligence, où mon sens de la logique devrait être à son maximum. Mais aujourd'hui, dans son état actuel, je sais déjà qu'il ne sera pas assez puissant. Je suis fatigué.

Il faut donc que je mette sur le papier les dernières idées qui me trottent dans la tête et dans le cœur, que je finisse de lire les livres entamés, que je fasse les dernières relectures, et que je parte faire le vide dans mon esprit. Que mon esprit soit en hiver (voire toute une année) comme la terre est en hiver. L'automne est la phase préparatoire de la régénération hivernale. En ce moment je sens que je suis dans une phase à laquelle doit succéder un grand repos intellectuel. Après ce repos, la construction de nouveaux édifices pourra être envisagée. Peut-être... Arrêter de penser à l'avenir, c'est déjà commencer à se reposer.

Résumé : le bonheur en automne

Merci ô maître évident, merci ô maître subtil ;
Le bonheur d'une année : climat mental au beau fixe !
La Nature t'ouvre les yeux sur le monde des Hommes ;
L'heure du repos approche. Dors et joue comme un chat du jardin.

VII

Oméga

Fin août, un soir. Je procède aux arrosages des haricots, des courges, des courgettes et des salades. Le mois de juillet fût si chaud et si sec que les pluies depuis la mi-août n'ont pas encore redonné à la terre une humidité suffisante pour ces cultures. L'eau de la vie leur manque d'en haut comme d'en bas.

Je pose le dernier arrosoir, vide, au pied de la cuve et je vais vers la maison. Hercules, mon chat, me rejoint. Il a envie de jouer, ça se voit. Un chat ne sourit pas et ne parle pas, mais ses désirs se laissent lire quand même, dans la taille de ses yeux, dans la vitesse et les saccades de ses mouvements, dans son agitation générale. Nul besoin de langage pour qu'il communique envers moi. Et moi envers lui.

Je joue quelques minutes avec Hercules. Le soleil se couche, la température de l'air diminue et l'humidité commence à s'élever du sol. « La fraîche tombe ». Dans cet instant, et dans de nombreux autres au cours d'une année de jardin, je suis convaincu d'une chose : que la valeur de la vie, de notre vie en tant qu'humain qui naît un jour sur cette terre et qui meurt quelques années plus tard, la valeur de notre vie est *avec* la Nature. La Nature au jardin, même si elle me paraît parfois dure et ingrate, ne me donne jamais qu'une seule motivation : la motivation d'apprendre toujours plus, de tester des techniques, d'oser, de prendre toujours plus le temps pour observer et pour ressentir. C'est tout ce qu'elle me donne, et c'est énorme. Quand un mois se termine, je ne suis plus la même personne qu'au début du mois. Mois, saisons, années : la Nature me fait évoluer sans cesse si je sais l'écouter et l'observer. Il n'y a qu'une seule direction pour moi : vers l'avant. C'est la seule direction que la Nature me montre. Je suis ici sur Terre durant quelques années, et la Nature s'occupe de moi : elle me distrait, elle m'enseigne, elle me met à l'épreuve, elle me rassure, elle me fait peur, elle me fait douter, elle me fait savoir, elle me fait comprendre, elle me fait avancer, elle me fait être heureux.

Dans ces moments-là, je suis tout à fait certain de cet enseignement de la Nature et tout à fait certain que cet enseignement confère toute sa valeur à notre vie humaine. Et aussi son honneur pourrais-je dire. Sans Nature, pas d'honneur. Jouer avec mon chat petit gardien du jardin, récolter et trier des semences pour l'année suivante, semer les engrais verts pour améliorer la terre, ont mille fois plus de valeur que les lois de notre économie et les relations humaines.

L'enseignement de la Nature est pour moi une évidence, mais l'enseignement de la société ne l'est pas. Je trouve toujours comment accéder aux enseignements de la Nature, mais pour accéder à ceux des Hommes, c'est une autre histoire !

Entre nous, nous sommes plus durs, plus ingrats et plus indifférents que la Nature ! La Nature ne cherche pas à nous détruire, mais dans la société agissent partout et tout le temps des hommes et des femmes qui ne veulent qu'une chose : faire souffrir leurs semblables. Quand je croise une personne qui me fait découvrir certains aspects de la vie, j'en croise une autre qui me cause des ennuis. Qui réduit mon horizon. Et ne parlons des administrations sociale, fiscale, étatique, etc, qui sont des machines à détruire l'humanité – car elles sont chargées de faire appliquer des lois dont les concepteurs sont corrompus, faibles et indigents. Dans la société, tout est fait pour nous diviser et nous monter les uns contre les autres, attisant ici l'indigence, là la cupidité, ici l'hypocrisie, là la violence. *Ici sur Terre la vie n'est pas belle à cause de nous humains. Il n'y a pas d'autre source de malheur que nous-mêmes.* La gentillesse nous fait, hélas, tolérer les idiots et les despotes. On excuse à tour de bras leurs agissements et leurs conséquences néfastes. On tolère les mesquins qui font des lois compliquées dans le seul but d'acquérir des privilèges pour eux-mêmes et leurs amis. Dans la société, chacun trouve sa place, le demeuré comme le génie, le consumériste comme le philanthrope, le bouffeur invétéré comme le gourmet qui se soigne par une alimentation judicieuse. Pierre Rabhi coexiste avec Donald Trump. *Comment, dans ces conditions, parvenir à construire ensemble une société humaniste ?*

Mais aucune personne ne s'élève au-dessus d'une autre. Se prétendre humaniste, comme je le fais souvent, ne vaut rien, car dans le même temps d'autres se prétendent ultra-capitalistes. D'autres ne veulent que penser à eux-mêmes et ils emmerdent tout le monde. La société, via les meilleurs livres qu'elle produit, ou via les pires actes de barbarie qu'elle a engendré et engendrera, nous nourrit d'illusions. Je n'en attends rien : car que peut-on attendre d'un trou dans lequel on trouve autant de merde que de diamants ? Est-ce la société actuelle qu'il faut accepter et aduler comme le meilleur des mondes possibles ? Non. Moi je refuse cela. La Nature nous montre que l'être humain, s'il le veut, est capable d'aller dans une seule et unique direction : en avant. Vers plus d'humanisme. Alors que la société, depuis toujours, est un trou où cohabitent les pulsions les plus basses et les pulsions les plus nobles. Le pire et le meilleur. C'est un lieu d'éternelle *stagnation*. Je refuse que mon bonheur dépende de la société. Le premier idiot que je croise sur mon chemin peut, d'un coup, briser ce bonheur.

La Nature est une source fiable et inépuisable de motivation et de bonheur. Bien plus que la société me semble-t-il. Bien plus que votre meilleur ami qui, un jour, ne le sera plus. Bien plus que la personne aimée qui un jour ne vous aimera plus. Il faut s'abreuver à la Nature, à la « source », autant que possible. Et, via mes écrits, j'essaie de faire transiter un peu de ce bonheur et de cette motivation originelles vers la société. Je serais un égoïste de ne pas le faire. Ça ne changera pas la société, c'est évident. Elle sera toujours un mélange de morbidité et de beauté. C'est une part du « contrat » de la vie – que nous avons peut-être tous signé avant de naître : la vie nous sert à apprendre et à évoluer, personnellement, mais nous devons dans la mesure du possible participer à créer les conditions sociales pour que les futurs esprits qui s'incarneront aient, comme nous l'avons eu, la possibilité d'aller de l'avant. Bien plus qu'une hypothétique organisation sociale idéale, nous devons préserver pour les générations futures une Nature aussi peu dégradée que possible. Demain, nous, les vivants d'aujourd'hui, nous ne serons plus là. Ne resteront que nos livres, c'est-à-dire un ramassis de conseils théoriques qui ne serviront à rien si la Nature n'est plus là pour les mettre en pratique.

Les enseignements de la Nature, et la vie à son contact, sont pour moi l'oméga de la vie. Une graine est un oméga. Une graine est supérieure à une feuille d'impôt. À une norme européenne. À un président. Une graine vaut mille fois plus que le président Macron. Dans deux milliards d'années il n'y aura plus d'humains, mais il y aura toujours des graines de plantes. Ne fixez pas le cap de votre vie par rapport à des éléments de la société, vous ne pourrez être que déçus et, au soir de votre vie, vous serez aigre parce que vous saurez que quelque chose ne va pas, mais vous ne saurez pas quoi. Vous ne verrez pas la flaque d'eau marron dans laquelle vous êtes immergé. Si vous fixez le cap de votre vie par rapport aux étoiles, aux arbres, aux plantes et aux animaux, vous ne pouvez pas être déçus. Vous sortirez progressivement de la flaque de boue. Accordez-vous ce droit au bonheur ! Pariez sur la Nature !

Je ne dis pas que les sourires authentiques des personnes qui me sont chères ne comptent pas pour moi. Ces sourires sont très importants. Toutes les discussions que j'ai peu avoir avec la famille et les amis sont d'une grande valeur. Les conseils amicaux et avisés sont précieux. Mais à eux seuls, ils ne sont pas suffisants pour que je parvienne à supporter les aspects noirs de la société. Il faut que j'ajoute à ces sourires et à ces paroles la valeur de vie que me donne la Nature, pour que je puisse surmonter la merde de la société. Par exemple, alors qu'on ne jure aujourd'hui en 2018 que par la protection du climat et de la biodiversité, à cinq cents mètres de mon jardin un entrepreneur vendeur de voitures a détruit environ trois hectares de terre agricole sans qu'aucune administration ne l'en restreigne. Pour faire de ces trois hectares de terre un *parking*. La terre a été enlevée au bulldozer et jetée, plusieurs jours durant via des convois de tracteurs, à la décharge. Cette terre qui auparavant nourrissait les gens sert maintenant à recouvrir nos déchets ménagers et plastiques… Cet entrepreneur va gagner de l'argent en *détruisant* la terre. Ces discours mensongers, ces actions destructrices et l'indifférence générale envers la terre me font mal au cœur… Je ne suis pas misanthrope ; pour autant je ne suis pas totalement philanthrope. *Je suis convaincu que l'être humain reste dans son trou boueux de la société, s'il ne sait pas s'agripper aux racines des arbres pour s'en extirper.* La société n'apporte pas la solution à la question du sens de la vie. La société n'est qu'un point de départ pour cette quête. Sans Nature, l'humain erre indéfiniment dans le labyrinthe des promesses des hommes. L'individu entre Nature et Société : voilà un tout inséparable !

Mais cette façon de penser n'est pas du tout une sorte de religion. C'est une approche matérialiste : la Nature est là, tangible, réelle, directe. Je ne crois en aucun dieu. Je touche la nature du bout de mes doigts. C'est concret et à la fois c'est du ressenti, de l'intuition, de l'imagination, de la créativité. *Certains pourraient me rétorquer que la Nature est ce par quoi Dieu se manifeste à moi.* Tout comme Dieu, pour un menuisier, se manifeste à travers le bois, ou à travers les pierres pour un maçon. On peut me rétorquer ça, oui, mais ça ne m'intéresse pas. La Nature est une source infinie de mystères et de motivations ; c'est une source qui me dépasse totalement. Qui nous dépasse tous. Pourquoi supposer que derrière la Nature il y aurait quelque chose d'encore plus grand, d'encore plus mystérieux, d'encore plus puissant ? Dieu ? Ou l'esprit du Bouddha ? C'est pour cela que je ne suis pas d'accord avec beaucoup de personnes religieuses, qui disent que Dieu, ou une « énergie », existe par-delà notre réalité, et qui en même temps se désintéressent de la Nature et de notre environnement immédiat. On peut croire en quelque chose de mystérieux à condition de voir que le mystère existe ici et là, dans notre environnement *immédiat*. Au bout de vos doigts quand vous touchez la terre ou les plantes. Et à condition d'essayer de se saisir de ce mystère. À condition d'essayer de le prendre et d'en faire quelque chose dans votre vie. Si on se contente de vivre en vase clos dans la société, sans jamais essayer de s'en extraire ou d'en palper les limites, et qu'on affirme croire en Dieu, ce n'est là qu'une attitude prétentieuse. On dit ça pour paraître meilleur que les autres. On dit que la foi nous « élève », alors qu'en fait on demeure dans la mare aux canards. Ce genre de foi, de croyance, ne peut que procurer une illusion du bonheur. Le vrai bonheur démarre au jardin, tout simplement.

VIII

Épilogue

Ce livre sur le bonheur au jardin, qui est un récit autobiographique et chronologique, aura été marqué d'aller-retours plus fréquents entre le jardin et la société que mon précédent livre sur les émotions déplaisantes au jardin. Au fur et à mesure que je découvrais ces bonheurs subtils, la société me paraissait toujours plus dangereuse et plus menaçante. Tandis que dans mon processus de découverte des émotions déplaisantes au jardin, j'allais vers la société pour lui « infuser » les convictions et les valeurs que j'acquérais en faisant face aux difficultés au jardin.

Pourquoi ces moments subtils de bonheur au jardin ont-ils suscité en moi de telles critiques envers la société ? De telles aversions pour tout ce qui est politique, administratif et économique ? La réponse est simple : parce que ces expériences positives au jardin sont fragiles. Elles sont d'abord subtiles : il faut passer plusieurs années au jardin pour en faire l'expérience. Le débutant ne les conçoit même pas. Elles sont ensuite méritoires : elles n'adviennent que lorsqu'on a traversé des doutes et des difficultés sérieuses (qui adviennent nécessairement quand on veut cultiver en respectant la Nature). Comme je l'écrivais p. 136. apprendre à jouer au flipper du jardinier est presque un art. Enfin, parce que ces bonheurs se vivent dans le calme, l'excitation permanente de la société peut facilement les empêcher d'advenir. *Ce qui est fragile doit être protégé.*

Plus concrètement, l'agroécologie est un chemin difficile sur plan social. On peut facilement lui reprocher de n'être pas assez rentable par heure de travail ; aujourd'hui on résume tout à l'argent gagné par heure de travail. L'agriculture biologique devient importante en termes de volumes de vente et d'hectares cultivés. Elle se mécanise. Dans des tunnels maraîchers de cent mètres de long, on fait des planches de salade qui sont récoltées à la machine en une seule heure de travail. C'est impressionnant de précision et de vitesse ! Face à ça, face au besoin énorme et grandissant en produits bio, l'agroécologie manuelle peine à se justifier. Elle n'a que cette question à retourner : veut-on vivre en fonction de la terre et des plantes ou en fonction du chiffre d'affaires prévisionnel ?

Face à la consommation de masse, les émotions subtiles sont écrasées sans bruit. Il faut les en protéger. Le jardinier agroécologiste ne doit pas amener tous ses arguments sur le champ de la confrontation (le « champ de bataille ») avec les normes économiques et culturelles en vigueur ; il doit garder pour lui certaines expériences personnelles. Il ne doit pas trop s'exposer. Pour promouvoir et défendre l'agroécologie, les arguments que j'ai réunis dans *L'agroécologie c'est super cool !* sont suffisants.

L'agriculture et l'écriture sont des métiers qui isolent. Mais il faut bien transmettre ce qu'on découvre et ce qu'on apprend. Il faut donc ni trop ni trop peu de société. Il faut parler de son jardin ni trop ni trop peu. Dans mon cas, deux journées sociales par semaine (pour vendre mes légumes et petits fruits) me suffisent. Et la vente de mes livres via internet me suffit. Le bonheur au jardin se partage, mais pas trop.

Gardons un petit jardin secret, où le bonheur sera toujours préservé !

Couverture : photographies et conception © Benoît R. Sorel